ルーティ

ラクに
すっきり暮らす
家事の習慣

ryoko

マイナビ

はじめに

心地よい暮らしは人それぞれ。
その心地よい暮らしを支える家事も、人の数だけあるのだと思います。

今は多くの書籍で、様々な家事のやり方が紹介されています。
だけどここで一度、「自分にとって必要な家事は何か」、
そして「どうすれば自分は快適に取り組めるのか」を改めて考えてみませんか。

かつての私は、やらなくてはいけない家事に追われ、
時間が足りない、自分の時間がない、いつもそう嘆いて暮らしていました。
でも家事をルーティン化させたことで、その暮らしは変わりました。
大切にしたいと思った「ごきげんな暮らし」を軸に、

自分にとってやった方が心地よいかで家事を整理して組み立て直し、
考えなくても身体が勝手に動くように流れで覚えたのです。
これにより、毎日の家事は格段に快適で効率的になりました。
その分やりたいことに使える時間が増え、暮らしも楽しくなりました。

本書で紹介するのは、
その「ルーティン家事の作り方」と「実際の我が家のルーティン家事」です。

家事に「正しい家事」も「間違った家事」もないと思っています。
生活する自分や家族がいかに快適で心地よく暮らせるかが、大切なのだと思います。

本書が、読んでくださった方の
「自分にとってラクな家事」を見直すきっかけに
ほんの少しでもなることができたら、とてもうれしく思います。

LIVING&DINING

家族みんなが長い時間を過ごす場所なので、ゆったりくつろげるように、余裕を持った家具の配置にしています。床に物を直接置かないので、掃除を短時間で済ませられます。

KITCHEN

我が家で一番物が多い場所。すっきり見えるように棚や天井は木、家電やカウンターはグレー、壁やキッチンは白、と3色に絞っています。お気に入りの食器は壁面の棚に飾りながら収納。

LAVATORY

清潔感が出るように白でまとめています。毎日使うタオルや洗剤は、すぐに手が届く位置に置いています。生活感が出すぎないように、置いているものの色味は絞っています。

目次

第3章 ルーティンを支える暮らしの心がけ 63

第4章 ルーティンを取り入れた台所仕事 101

我が家の間取り

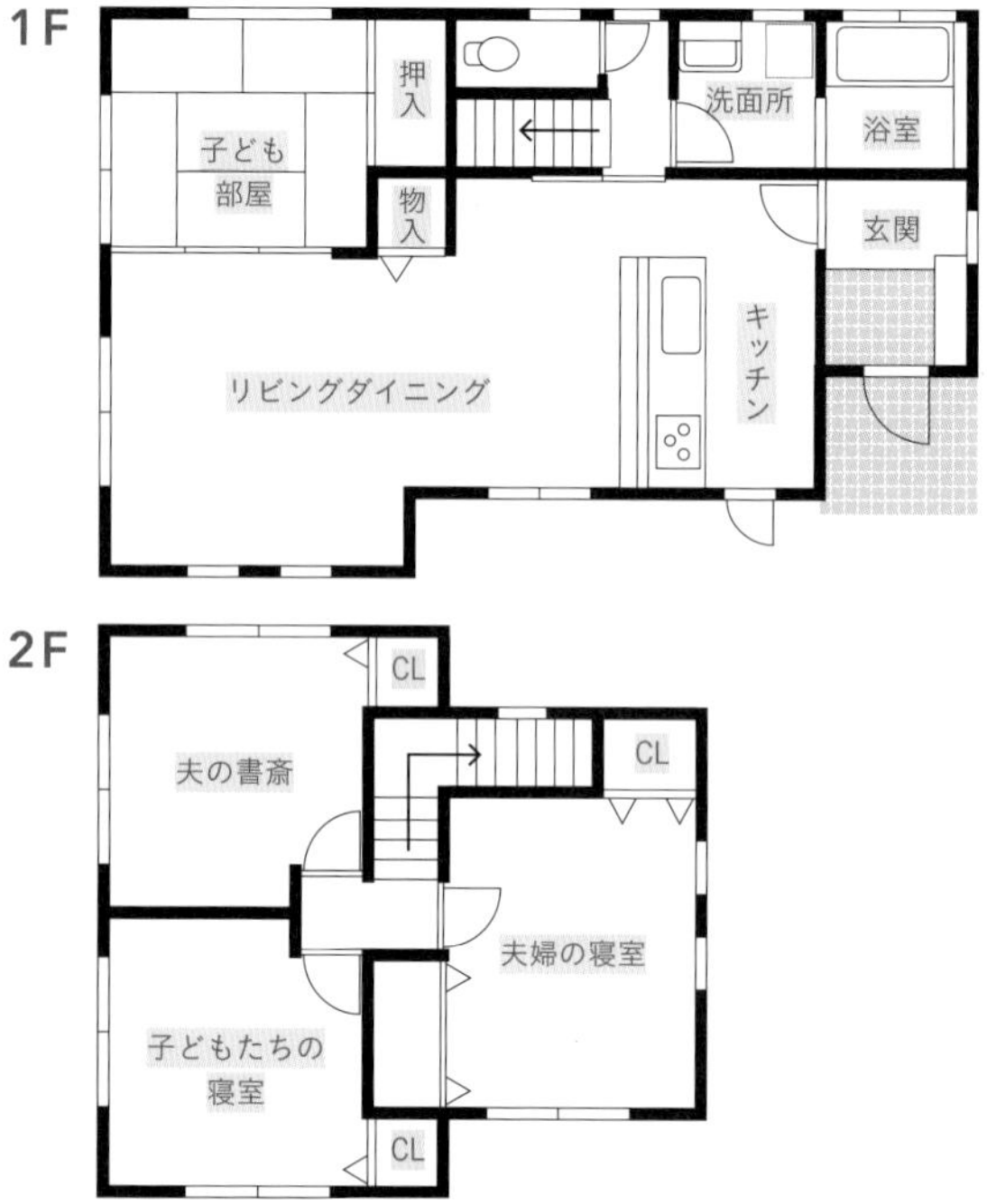

夫と私、小学生の男の子２人の４人で暮らす我が家。
間取りは4LDKで100㎡です。家を建てるときは「家族で暮らしやすい家にしよう」と思い、間取りを考えました。玄関から各部屋に行くときは、必ずダイニングキッチンを通らないといけない造りにしたので、家族の出入りを把握しやすく、声をかけやすいところが気に入っています。広い吹き抜けやリビング階段など諦めたことも多いですが、どの部屋にも太陽の光がたっぷりと注ぎ、夏は涼しく冬は暖かい、風通しのよい間取りです。

第1章 ラクするために辿り着いた家事のルーティン化

そもそも家事をルーティン化すると、どんなメリットがあるのかお伝えします。

男の子2人を育てる、共働きの我が家の暮らし

我が家は夫と、小学生の男の子2人の4人で暮らしています。

私は、平日はある研究機関にフルタイムで勤務しています。

初めての出産後4年間は専業主婦として過ごし、現在小学4年生の長男が4歳、1年生の次男が1歳のときに、医療機関に事務のパートタイムとして再就職しました。その後、今の職場にパートタイム勤務のまま転職し、4年前からフルタイム勤務へスイッチして現在に至ります。

平日は毎朝8時過ぎに家を出て、17時半過ぎに帰宅します。職場は自宅から車で15分、残業はなし、という恵まれた環境ではありますが、仕事に加えて、家事や子育てと、日々やるべきことは盛りだくさん。うまく暮らしを組み立てないと、毎日はバタバタと慌ただしくしている間に過ぎ去ってしまいます。

「フルタイムで働きながらも、時間に追われるのではなく、自分の望むように時間を使えるようになりたい」。

専業主婦からパートタイム、そしてフルタイムへの勤務時間の延長に伴って、その思いを実現するためには、自分や家族の暮らし方を見直し、時間の使い方を整理する必要が出てきました。

そこで私は、毎日の暮らしのベースである家事や、日々「これだけはやっておきたい」と思うことがストレスなく回るように、それらをルーティン化することにしました。

今は、朝ごはんの片付けを終えてきれいにリセットされたキッチンに、軽く掃除機がかけられてさっぱりと整った家を出て、気持ちよく仕事に向かいます。夕方帰宅してからは、子どもたちと今日あったことを話しながら、夕飯の支度を手早く済ませ、家族みんなで食卓を囲みます。そして、子どもが寝る21時には家事をすべて終わらせ、それ以降は夫とともにゆったりとくつろいで過ごしています。

もちろんそれらは、私一人の働きだけではなく、家族とお互いに協力して成り立っているものですが、家事をする時間も、すっきりと整った部屋でくつろぐ時間も、どちらにも無理はありません。家族みんながラクに快適に過ごせる我が家の暮らしは、数々のルーティンによって支えられているからです。

かつては時間に追われていました

今でこそ、フルタイム勤務にも慣れ、子どもたちが2人とも小学生になり、家事をルーティン化させて、時間の使い方や暮らし方を自分の満足いくかたちに整えることができるようになりました。けれど、かつてはいつも時間が足りない、自分の望むように心地よく暮らせていない、そう感じてはモヤモヤする日々を送っていました。

特に長男出産後の4年間の専業主婦時代は、私にとって大変な時期でした。初めての子育ては慣れないことも多く、小さな子どもとの暮らしは大人の都合通りにいかないことばかり。

加えて、長男は生後すぐにアトピー性皮膚炎を発症し、その検査で重度の食物アレルギーがあることが分かりました。そんな長男の育児は、日中は肌を掻き崩すことがないように目を離すことができず、夜は痒みで何度も起きては泣くため、常に睡眠不足との戦いでもありました。

それでも、専業主婦だった私は「子どもの世話をしながら、どんなに大変でも家事もきちんとこなさなくちゃいけない」と、無意識のうちに自分を追い込んでいたように思います。

「家中をきれいに掃除しなくちゃ」「栄養バランスを考えて、おかずは何品も作らなくちゃ」などという思い込みに加えて、「今日はほかに何ができるかな」「あと何をすればいいかな」と考えては、いつも余裕がなくなりアタフタ。また、その日の思いつきであれこれと取り組んでは、本来やるべきことの優先順位がめちゃくちゃになってしまい、結局中途半端な状態に。自己嫌悪に陥る日もありました。

時間はあるはずなのに、なぜかいつもバタバタしている……。そう感じながらも、毎日はただ、時間に追われているうちに過ぎていきました。

当時の私は、自分なりに工夫しつつ、家事も子育てもすべてをきちんとやろうとがんばっているつもりでした。だけど、その「きちんと」に自分が囚われすぎていたのだと思います。

家事の適度な区切りを付けられず、終わりが見えずにいつも時間に追いかけられて、これといった達成感や満足感もなく、ただ毎日をこなしているだけ。余裕のない生活に心身ともに疲れを感じて、「この慌ただしくも大変な日々が、早く過ぎてくれますように……」。ときにはそんな風に願うことさえありました。

家庭と仕事、両立できるのか不安でした

そんな生活は、働きはじめたことで変わりました。

「モヤモヤとした気持ちを抱えながら一日家にいるよりも、私は外に働きに出た方が合っているのかもしれない……。働くことで暮らし方を変えてみよう」

そう思うようになった私は、次男が1歳になり卒乳したのを機に再就職活動をはじめました。しばらくして再就職先は無事に決まりました。

けれど、それまでの時間の制約もなく取り組んでいた家事のやり方をそのまま続けて働きはじめたら、家のことが回らなくなるのは目に見えています。

「毎日に余裕がなくなって、部屋のなかがめちゃくちゃになるのでは……」

「仕事と家事で手いっぱいで、子どもたちと笑って過ごす時間をほとんど取れなくなってしまうのでは……」

「働いて、家事をして、子どもの世話をして、寝て起きて、また働いて……。仕事、家事、育児をこなすだけで一日が終わっていき、自分の時間がまったく取れないのでは……」

「働きたい！」というわくわくした希望と同じくらい、勤務開始日が近づくにつれて、そんな不安や心配がどんどん大きくなります。暮らし方を変えたいと思ってはじめる仕事なのに、そんな状況に陥ってしまっては、本末転倒。どれもが大きなストレスになってしまい、気持ちに余裕のない生活は私だけでなく、家族の毎日まで曇らせてしまいます。

では、そうならないためにはどうしたらいいか。

私は、自分の働くペースを作っていくのと同時に、我が家の暮らし方の整理に取りかかっていきました。

できる主婦のように「きちんと完璧」でなくても、ゆっくり時間をかけて家事に取り組む「丁寧な暮らし」でなくても、私も、一緒に暮らす家族のみんなも、無理なく、心地よく過ごすにはどうすればいいのかを真剣に考えることにしたのです。

そして実際に試してみて、無理があるならば修正し、より我が家にぴったりの方法を考えてはまた試して……と試行錯誤を重ねました。

ごきげんで暮らすために家事をルーティン化

そうして4時間のパートタイム勤務で再就職を果たしました。

その後も転職して9時〜16時のパートタイム勤務、そして現在の8時半〜17時15分のフルタイム勤務へと移行していきました。

働くことで、家で過ごせる時間に制約ができることを、働く前はとても不安に感じていましたが、結果的には家事への取り組み方、時間の使い方を見直すことができたのは、私の暮らしにとって、とてもプラスになりました。

「忙しい毎日のなかで、自分と家族にとって本当にする必要があること」を整理したことで、限られた時間の使い方に関して優先順位をはっきりさせることができたのです。

私が暮らしていくなかで大切にしたいのは、

「働きながらも、子どもたちとの時間、夫婦の時間、自分の時間をしっかり取ること」、
そして
「毎日をごきげんな気持ちで暮らすこと」。

そのためには、家事の効率化を図り、家事にかける最小限の時間と労力で最大限の結果や効果を得られるような流れ作りが必要だと感じました。

我が家にフィットした流れが見つかれば、それを毎日繰り返し行うことで、より無駄はなくなり、最適化されていきます。そうして、我が家の家事はルーティン化していきました。

いちいち次のアクションを考えなくても身体が勝手に動く家事の仕組み作りのおかげで、毎日働きながらも無理なく家事は回るようになりました。

自分の暮らしに本当に必要なことだけを最適なタイミングで行えば、時間に追いかけられることなく日々を送ることができるようになる。そして、時間に追われない暮らしは気持ちにも体力的にも余裕を生んでくれる。

それらも家事をルーティン化するメリットだということが分かりました。

そもそもルーティンって何？

さて、ここまで何度も使ってきた「ルーティン」という言葉。

そもそもルーティンとは何でしょう。この言葉を聞いて思い浮かべるのは、一流のスポーツ選手が試合前や試合中に行う一連のしぐさやパフォーマンスなどでしょうか？

「ルーティン（routine）」とは、「決められた手続きや手順、一連の動作などのこと」「日常の仕事、日課」といった意味を持ちます。スポーツ選手が試合前や試合中にルーティンを取り入れているのは、いつもと同じ動作をとることで、精神的に落ち着き、余計なことを考えずにその場に集中して最高の結果を残すためだと考えられています。

では、ルーティンとは優れたスポーツ選手だけが取り入れているものなのでしょうか。

いえいえ、実は私たちの暮らしはルーティンの連続です。

自覚のあるなしに関わらず、人は誰でもある程度決められた手順や日課を踏んで一日をすごしています。

例えば、朝起きる時間や寝る時間を毎日大体同じ時刻に決めている方は多いと思います。毎日決まった時間に寝て起きると、体調をキープしやすかったり、やるべきことがスムーズにできたりしますよね。

また、毎日同じ交通手段やルートで通勤・通学をする方も多いと思います。一度決めてしまえば、交通費が安く済んだり、移動時間を短縮できたり、時間が組み立てやすかったりします。そして、特に考えることもなく、同じように毎日通勤・通学できるのはラクでもあります。

そのため、不意なトラブルや寄り道などの特別なことがない限りは、目的地までの移動を毎日変えようとはしないと思います。

このように私たちは無意識のうちに、自分にとってメリットがあり、それを続けることが苦ではないことを習慣（ルーティン）にして暮らしているのだと思います。

家事をルーティン化するメリット

では、そのルーティンを、毎日の家事にも取り入れたら？

毎日の家事をルーティン化させれば、いちいち意識しなくても身体が動くため、それ自体に労力を割く必要がなくなります。

先の例でいうと、毎日の通勤・通学はいつものことで習慣化しているので、わざわざそれに対して「面倒くさい」「大変だな」と感じる人は少ないと思います。

私の考えるルーティンとは、その無理なく続けられる「習慣」のことであり、ルーティン化するとは、それらをラクに流していけるように身体で覚えるということです。

就寝・起床時間、通勤・通学の方法だけでなく、暮らしのベースとなる家事も自分に適したかたちでルーティン化することができたら……。やるべきことに使われる気力も体力も、そして時間も最小限に済ませることができ、本当にやりたいことにより多くの時間と労力を割くことができるようになると思います。

人が一日に使える意志力の量には限りがあるそうです。

仕事や家事や育児に忙しい毎日のなかで、日常の細々としたことにその都度迷い、考え、選ぶことを繰り返し、意志力を消耗するのはもったいないと思います。意志力を消耗してしまうと、心身ともに疲れやすくもなるそうで、無駄に使うのはなるべく避けたいところです。

「家事」と一言でいっても、掃除、洗濯、炊事に加えて、子どもの世話や習いごとの送迎、買い物、ご近所付き合い、地域活動など、その内容は多岐にわたります。一つ一つに必要とされる時間や労力は仮に大したボリュームでなかったとしても、それぞれが複雑に絡み合うことで、少しずつ気持ちの余裕はなくなり、全体で見ると大きなボリュームになっていることもあります。それに毎日は、同じようなできごとや流れが一日を占めている一方で、子どもが急に熱を出すなどの家族の体調の変化や、電化製品や車の故障などの思いがけないトラブルも頻繁に起こります。

家事をルーティン化することによって、やるべきことを一つでも多く、考えなくても身体が勝手に動けるようになれば、そういったイレギュラーな事態にも柔軟に対応できる余裕も生まれると思います。

ルーティンは「よい習慣」で「義務」ではない

「家事をルーティン化する」というと、いくらそのメリットを聞いたとしても最初は、「決まりごとに縛られてるなんて、逆に面倒そう……」「手間が増えるだけなのでは……」と感じる方もいるかもしれません。

けれども、家事のルーティン化によって目指しているのは、「必要なことを最小の労力と時間で、最大限効率よく取り組めるようになること」。

そしてその流れを習慣化し、身体で覚え込むことで、「いちいち考えなくても動けるようになること」なのです。

そのためルーティン化を進めると、やらなきゃいけないことが増えるのとは逆で、面倒や手間はどんどんカットされます。また、「自分たちの暮らしにとって本当に必要なこと」をピックアップするため、やることが明確になるので、取りかかる際の心理的負担も軽くすることができます。

ルーティンはあくまでも「よい習慣」であり、「義務」ではありません。

「決めたからにはやらなくちゃ」という思い込みや義務感が重く心にのしかかるようでは、いくらルーティン化を図っても、心地よい暮らしには繋がらないと思います。

そもそも私は「人生とは、日々の時間の積み重ね。命とは、時間そのもの」だと思っています。そのため、すべての価値の基準を「自分の時間」をどんな風に過ごし、何に使うかに置いています。なので、ときに面倒に思える毎日の家事であっても、私の大事な時間を費やすのであれば、どんなことにも私の命が注がれていると思っています。1時間かけて作った料理には1時間分の、30分かけて整えた部屋には30分分の私の生命力のようなものが入っていると思うのです。

そうして私の命（時間）を注いで作られたごはんを家族が食べ、整えられた環境で暮らし、子どもたちの命が育まれて成長していくと思えば……家事も命のリレーの一つに思えてがんばれます。

だから、「同じやるなら、自分が満足できる仕上がりまで気持ちよく取り組みたい」。

私が家事をルーティン化する動機はこういう気持ちからです。

自分の時間を持てるようになりました

家事のルーティン化を進めたことで、テキパキ動く家事をする時間と、のんびり過ごす家族との時間や自分の時間、どちらにもメリハリを付けることができるようになりました。これにより、以前よりも時間の使い方と気持ちの切り替え方も上手になったと思います。

そして、ルーティン化を進めて何よりよかったことは、「やるべきことは済ませた！」というすっきりした気持ちで、より多くの時間を家族や自分のやりたいことのために使えるようになったことです。

やるべきことを後回しにした状態で、現実逃避のようにダラダラと過ごしても、何となくそのやるべきことが頭の片隅に残ったままで、心からごきげんな気持ちで過ごせないことが以前はよくありました。一方で、やると決めたからにはやらなきゃと無理をしてしまっても心身ともに疲れが残り、これまたごきげんには程遠い状態になってしまうこともありました。

「ルーティンにしっかり取り組むこと」と「決めたからにはやらなきゃと、負の感情を抱いてまでルーティンに縛られないようにすること」のバランスを取るのは難しいですが、どこまでが「心地よいがんばり」で、どこからが「辛く感じる」のかは人それぞれボーダーラインが違います。なので、自分にとってそのラインをどこに置くのかを決めるのは大事だと思います。

私にとってそのラインは、「ごきげんでいられるかどうか」です。

自分にとってのその判断基準をしっかりと持っておくと、ふとどちらを選ぼうか迷ったときに、より自分の快適な暮らしに適した方を選ぶ助けになってくれると思います。

昔読んだ本に書いてあった言葉で、私が大事にしているものに、「人生で大切なのは、日常を正しくこなすことではなくて、たまにその日常の外でいろいろなものを吸収すること。そうするとルーティンもより充実するからね」（伊藤春香、２００９年、『わたしは、なぜタダで７０日間世界一周できたのか？』、ポプラ社）というのがあります。

家事をルーティン化することは、まさにこの通りだなぁと思います。

時間の使い方にメリハリが付いて、家事や育児、仕事のほかに「家族との時間」「自分の時間」を持てるようになれば、毎日の暮らしに新しいことを取り入れたり、リラックスした時間をすごすことができたりします。そうやって気持ちがリフレッシュできれば、家事や育児、仕事もまたがんばろうと思えます。

そうして時間や気持ちをうまく切り替えながら、風通しのよい、気持ちのよい好循環を続けていきたいと思っています。

第2章
我が家のルーティン家事

ここからは、ルーティンを取り入れた実際の我が家の暮らしをご紹介します。

平日と週末、それぞれにルーティンを設定

我が家のルーティンは、「平日（朝・夜）」「週末」「月末」ごとに、何をするか分けています。私の場合、仕事がある平日とお休みの週末では時間の流れ方がまったく違います。そのため、その2つを別のスケジュールで考えた方がスムーズに運ぶと思ったので、このように仕分けました。自分に合ったサイクルで、1週間、1か月単位でルーティンを設定すること。これが家事をルーティン化する際に、無理なく取り組めるポイントだと思います。

・平日

「朝起きてから出勤するまで」「帰宅後から子どもたちの寝る21時まで」「21時から私が寝る0時まで」の3ブロックに分けて、それぞれの時間帯に何をすべきか、また何をしたいかを組み立てています。

生活のベースを作る親が毎日淡々と同じ時間に同じリズムで暮らしていると、子どもたちも平日のタイムスケジュールが把握しやすいのがいいところです。また、食事やお風呂、寝る時

間が一定になると、子どもも自分の好きなことに使いたい時間の確保がしやすくなります。そして子ども自身、「いつまでに何をしておかなくてはいけないか」の判断を自主的にしてくれるようになります。そのため、我が家では「早く○○しなさい！」と叱る必要が少なく、精神的にもとてもラクです。

私が毎日同じ動きをすることで、家族の動き方にもルーティンができ、私だけでなく家族みんなで好循環のサイクルを共有することができます。それにより、やるべきことがよりスムーズに片付くようになりました。

・週末

週末はいつもよりしっかり家事を行います。また、週に1回くらいした方がいい、またはしておかないと困ることなどを行います。

・月末

月末の週末には、週末のルーティンに加えて月に1回のサイクルでやっておきたいことをします。また、季節柄する必要があることもこのタイミングで行います。

平日朝のルーティン

フルタイムで共働きということもあり、平日は最低限のことしかやりません。私は体力に自信がないので、特に朝はがんばらないようにしています。早起きして朝からあれこれ家事に精を出し、仕事に行く前に疲れてしまうのを避けるためです。

平日朝のメインのルーティンは3つ。①お弁当と朝食作り。②朝食後のキッチンのリセット。③1階に軽く掃除機をかけて、部屋の整頓。

②のキッチンをリセットするのは、帰宅後すぐに夕飯の支度に取りかかれるように。③の1階を軽く掃除するのは、仕事から帰宅した際に、家がきれいに整っていると気持ちがいいからです。夕方帰宅してから子どもたちが寝るまでが、私の平日の時間割で最も忙しい時間帯。そのため、朝からあれもこれもと無理はしませんが、気持ちよく夜の家事に取り組めるような状態にしてから出勤するようにしています。

必要最低限のことを夫婦で分担して行っているので、朝ごはんを座って慌てずに食べられる時間も取れています。

平日朝のルーティンの流れ

＊赤字は夫のルーティン

06:30	起床 部屋の空気の入れ替え 洗顔	
06:40	朝食作り（大人分洋食） 弁当作り	・起床 ・洗濯 ・朝食作り（子ども分和食）
07:00	朝食	
07:30	子どもたちの登校 食器洗い	・洗濯物干し ・ベッドメイキング
07:45	1階のササッと掃除	
07:50	自分の身支度	
08:10	出勤　いってきます！	

06:30 5分

朝一番に 空気の入れ替え

1階の全方角の窓を開けて換気をします。洗面所から室内をぐるりと一周して窓を開け、そのまま洗面所で顔を洗い、ぐるりと反対に一周して窓を閉め終えたら、そのままキッチンへ。

06:40 20分

お弁当と朝食の 準備

自分のお弁当は、常備菜を詰めるだけなので、朝は卵焼きを作るくらい。アレルギーのある子どものために、給食の代わりにスープ1品やおかずを1種類作ることもあります。それが終わると朝食準備。大人用の洋朝食は私が、子ども用の和朝食とコーヒーは起きたての夫の担当。

07:00 **20分**

家族で朝食

子どもたちには腹もちがいい和朝食を。作り置きと前夜に取り置いたおかず、汁物を用意。器に盛り付けるのは夫の担当。家族で一緒に席に着き、その日の予定を話します。

07:30 5分

食器の片付け

各自がシンクに下げた食後のお皿を食洗機へ入れます。朝食は食洗機対応可の食器しか使いません。

07:35 5分

調理台の拭き掃除

コンロとシンクまわり、調理台を台ふきんで拭きます。ダイニングテーブルも台ふきんで忘れず拭いています。

07:45 5分

マキタでササッと1階の掃除機かけ

キッチンやリビングダイニング、洗面所、トイレ、家族がよく使う場所に掃除機をかけます。終えたら、あとは自分の身支度をして出勤です。

夫のルーティン

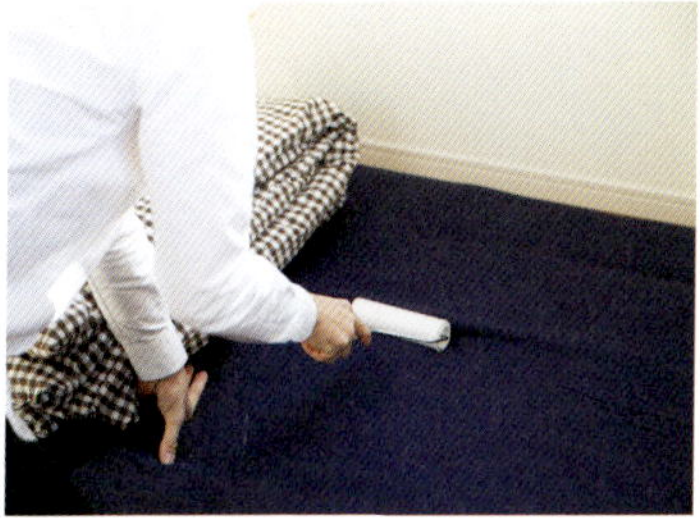

子どもの布団のホコリ取り

咳が出やすい子どもたちのために、ホコリ対策として子どもの布団に毎朝カーペットクリーナーをかけています。

ベッドメイク

布団は起きてしばらくは広げておいて、湿気を飛ばしてから畳んでいます。夫婦のベッドにも平日はカーペットクリーナーを。布団は軽く畳んで整えるのみ。

洗濯と洗濯物干し

洗濯は夫の担当。洗濯物は、晴れていれば庭に、天気が悪ければ室内に干しています。「しわをしっかり伸ばしてほしい」。それだけはお願いしています。

ついでに

使うたびにすること

ルーティンと一緒に
汚れやすい場所や物は、
使うたびにサッと掃除をします。
ついでにやるだけで、
ラクにキレイがキープできます。

洗面ボウルを磨く

朝の洗顔時に、水からお湯になるのを待ちながら、ハンドソープをワンプッシュした手で洗面ボウルを磨きます。

電子レンジとトースターを拭く

使い終わったら庫内が温かいうちに、ふきんでサッと一拭き。汚れが冷めて固まる前に拭けば、洗剤いらず。受け皿はアルミホイルで覆い、汚れが気になったら取り替えています。

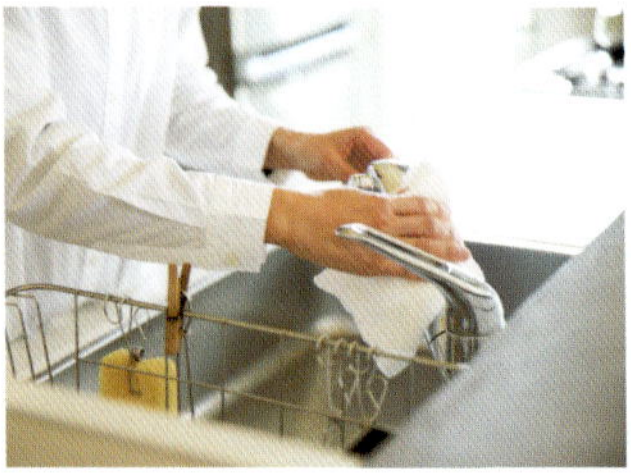

蛇口まわりの水しぶきを拭く

洗面所もキッチンも、蛇口まわりは最後にふきんで拭きます。拭くことで、蛇口の曇りや水垢汚れ防止に。

お風呂の壁にスクイージーをかける

お風呂から上がる前に冷たいシャワーを壁にかけ、スクイージーで水滴を落とします。最後に入った人の担当にしています。

ゴミをまとめたらゴミ箱を拭く

週に2回のゴミの回収のタイミングで、空っぽになったゴミ箱をアルコールスプレーとウエスで拭きます。

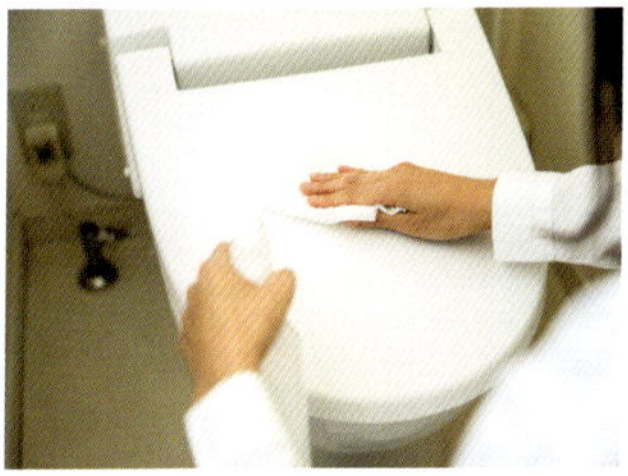

トイレまわりを拭く

使用後はトイレットペーパーにアルコールをスプレーして、便座まわりや、床などを拭きます。

平日夜のルーティン

平日の夜の「子どもたちの就寝時間は21時」を、ずらしたくないと思っています。

そのため私が帰宅してから21時までには、お風呂、夕食、子どものやるべきこと、翌日の学校の準備などを終わっている状態にしたいので、それらを最優先に行います。合わせて夕食の後片付けや洗濯物を畳むなど、その日に済ませたい家事はすべて終わった状態にしています。

子どもたちが寝た21時以降は、夫婦でゆっくり過ごすことを目標に、家族の役割分担を決めてルーティン化しました。

また私が寝る前には、リビングダイニングで使ったものを元の位置に片付けてから、2階の寝室に上がります。そうすることで、朝起きて1階に下りてきたら、気持ちよく空気の入れ替えをして、新しい一日をはじめることができます。加えて、朝はきれいな玄関から子どもたちを学校へ送り出したいので、夕方に帰宅したタイミングで玄関の掃き掃除と靴の整頓を行っています。

平日夜のルーティンの流れ

＊赤字は夫のルーティン、黒字は子どもたちのルーティン

17:30 帰宅
子どもたちとちょこっとおやつ
宿題チェック

18:00 夕食の支度 ・お風呂掃除
・お米研ぎ

18:30 入浴 一旦お風呂に入ります

19:00 夕食の仕上げ

19:10 夕食

19:30 キッチンのリセット＆ごはん貯金作り ・食器洗い ・食器拭き

20:45 洗濯物畳み ・子どもたちの就寝準備 ・リビングのおもちゃの片付け

21:00 子どもたちの就寝

21:30 夫と夜おやつ

24:00 就寝 おやすみなさい！

17:35 3分

玄関の掃き掃除

帰宅したらまず、荷物は玄関に置いて靴を履いたまま玄関を掃きます。面倒にならないよう靴を脱ぐ前にします。

18:00 30分

夕食作り

平日は手のかかるものは作りません。メインは前夜の片付け時に下ごしらえをしておく、副菜は週末にまとめて作るなど、短時間で支度できる準備を。

18:30 30分

入浴

夕食が大体できたら、子どもたちと一緒にお風呂へ。お風呂から出てきたら、夕食の仕上げと準備（10分）をします。

19:10 20分

夕食

みんなでそろってテーブルを囲みます。その日あったできごとなどを話しながら食べています。

長男のルーティン

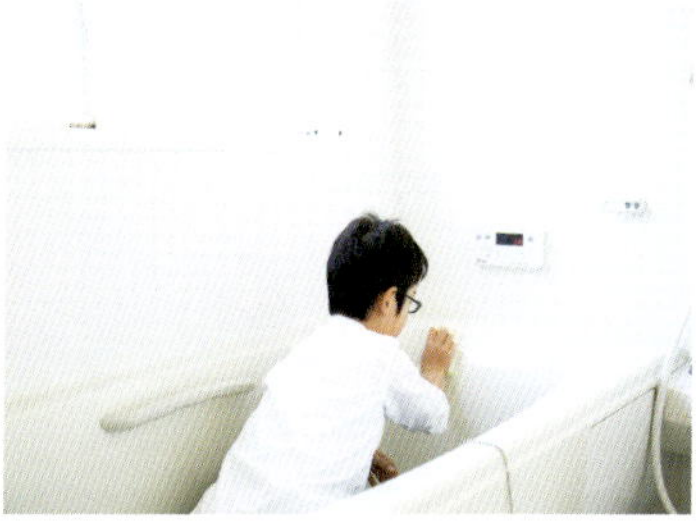

お風呂掃除

平日は、18時になったらお風呂を洗ってお湯を入れるのは長男の担当。小学3年生の頃からお願いしています。

お米研ぎ

お風呂を入れたら、そのまますぐにお米研ぎも行います。土鍋で炊くときは洗ってざるにあげるまで。炊飯器のときは、炊飯釜にセットして水を入れるまでが彼の担当。

食器拭き

夕食後の食器を拭くのも長男の担当。最近は次男もするように。みんなで後片付けをパッと済ませて、少しでも早くゆっくりできるように協力しています。

平日夜 のルーティン

19:30 **25分**

夫婦で洗い物と拭き掃除

食洗機に入らない食器を洗うのは夫の担当。子どもたちが食器を拭きにキッチンに集まるので、みんなで話しながら行います。私は翌日の夜ごはんの下ごしらえや、コンロやシンクを拭き、キッチンをリセット。

コンロは熱めのお湯で絞ったふきんで拭くと、その日のうちなら洗剤を使わなくてもきれいに。すべてをリセットしたら、ウエスでキッチンの床を拭き上げます。

19:55 **3分**

洗いかごを洗う

洗い物のついでに洗いかごの受け皿もメラミンスポンジでサッと洗い、水気を拭き取ります。ここまで終えたら、少し家族でゆったりすごす時間を。

20:45 **15分**

洗濯物を畳む

子どもたちとテレビを見ながら洗濯物を畳み、それぞれの場所にしまいます。

23:30 **3分**

リビングの片付け

就寝前に簡単に片付け、乱れたソファは軽く整えます。翌朝を気持ちよくはじめられるようにしています。

子どもたちのルーティン

リビングの片付け

リビングに持ち込んだ子どものおもちゃは、子どもたちが寝る前に子ども部屋へ片付けることをルールにしています。

21時以降は夫婦の時間

家事をルーティン化して、一番変わったことは夜の過ごし方かもしれません。

以前の私は、いつも「やるべきこと」に追われていたので、子どもたちが寝た後も「残った家事をやらなきゃ」「明日のためにできることはないかな」と考えては、「自分の時間が全然取れないな……」と嘆いていたように思います。ましてや、夫婦だけでゆっくり過ごす時間などまったくありませんでした。むしろ、そんな時間を作ろうという気さえ起きなかったです。その時間があったら少しでも一人になりたい、明日のために早く寝たいと思っていました……。

今では、21時以降にゆっくり過ごす時間を取れるようになったので、ちょっとした甘いものと一緒に夫婦でくつろぎながら話をするようになりました。当たり前のようですが、ともに過ごす時間が増えると夫婦の共通の話題も増え、以前よりも夫との仲がよくなりました。仲がよくなったら夫婦の時間をより大切に、より楽しもうと思うようになりました。うれしい好循環が続いています。

週末のルーティン

平日は最低限のことしかしていないので、週末は少し丁寧に家事を行います。

私のお休みは土・日・祝ですが、土曜日はおでかけ、日曜日は自宅周辺で過ごすことが多いので、週末のルーティンは日曜日の午前中に済ませることが多いです。もちろん、日曜日に予定が入ったときは土曜日に、土・日ともに予定があるときは金曜の夜に前倒しにしたり、土・日の家にいる間に少しずつできることをやったりして、週末が終わる頃にはいつものルーティンが終わっている状態にしています。気分的には、土・日のどちらかの午前中にまとめてパッと終わらせた方が爽快ですが、あくまでもルーティンは休みの二の次なので、そのために無理はしないようにしています。

52ページから紹介する我が家の週末のルーティンを人に話すと「毎週末そんなにやっていたら、それだけで休日が終わってしまいそう！」と驚かれることもあります。確かに平日は必要最低限のことしかしていない分、水まわりなどは普段よりもしっかりと掃除をしていますが、一つ一つにかかる時間はどれもほんの数分のこと。普段からきれいなうちに掃除をする「予防掃除」を心がけているので、汚れがたまる前にサーッと、きれいをキープしていくイメージです。

週末は平日と違って、一連の流れで行うというよりも、生活行動にくっつけてルーティンを行うことが多いです。顔を洗ったらいつもより少し念入りに洗面所を掃除する、トイレへ行ったらトイレも少し念入りに掃除、朝食後の後片付けの後に冷蔵庫や換気扇まわりを拭く、メイクをしたらメイク道具をきれいにするなど、いつもの行動と週末に済ませたい家事をセットにすることをルーティンにしているのです。

週末は気持ちに余裕があるからか、どうしても家事の流れがゆっくりになりがちです。平日と同じように回そうと思っても、いつもよりも余分に時間がかかることが続きました。だったら生活行動にくっ付けて、使う場所ごとに取り組んだ方が効率がいいはず。そんな考えから今のやり方になりました。

休日でも家事にまとまった時間を取るのが難しい方は、キッチン、リビング、お風呂、トイレなど、エリアごとに分けてどこかだけでも掃除をするなど、無理せず小分けにして取り組んでいくといいかもしれません。

冷蔵庫と換気扇の拭き掃除　3分

水で固く絞ったウエスで、冷蔵庫と換気扇全体を拭きます。どちらも意外と汚れがたまりやすいので週末のタイミングで忘れずに行います。

食器棚拭き　3分

よく使う食器を収めているオープンタイプの食器棚は、ウエスまたはキッチンペーパーで乾拭きします。汚れが軽い乾いた場所は、基本的に乾拭きです。

夫のルーティン

布団掃除

平日は簡単に掃除するだけですが、週末は布団専用のクリーナーでしっかり掃除。シーツも週末に洗います。

ハンディモップ掃除　5分

家具や窓枠、飾っている額のまわりなどの木の部分や照明の傘に、ハンディモップをかけてホコリ対策を。

念入りに掃除機かけ（1階&2階）　20分

週末は家中の隅々まできれいにしたいので、吸引力の強い掃除機を使います。ただこの掃除機は重いので、2階はマキタの軽い掃除機でかけます。

階段の雑巾がけ　3分

階段の隅にはホコリがたまりやすいので、マキタで吸い取った後に固絞りをしたウエスで拭きます。

コスメ道具の掃除
3分

ファンデーションのパフを洗ったり、コスメの容器に付いた汚れを綿棒やティッシュで拭いて、メイク道具はいつでもきれいにしておきます。

アイロンがけ
15〜20分

ためておいた家族のシャツは、休日にまとめてアイロンをかけます。好きな家事ではないので、テレビを見ながら済ませることも。

食材のまとめ買い
60分

買い物は週に一度のみ。大量に買うので、家族みんなで一緒にスーパーへ行っています。

夫のルーティン

子どもの勉強見直し

子どもたちの提出物チェックは夫がまとめて休日に行います。平日に勉強でわからないことがあったときは勉強の見直しを行うことも。

子どもたちのルーティン

子ども部屋の片付け

子ども部屋のなかだけは、平日は遊び道具を出したままでもOKにしています。その代わり、週末はきれいに片付けてから遊びに行く約束にしています。

水まわりは週に一度のしっかり掃除

お風呂（夫の担当）　15分

①浴槽やフタ、壁をスポンジでサーッと洗って流す。
②シャンプーボトルやシャワーのぬめりをスポンジで軽く擦る。
③洗い場の床や蛇口まわりを、ブラシで擦り洗い。
④排水口のゴミを捨て、なかを古歯ブラシで洗う。

トイレ　10分

①平日同様、アルコールスプレーで便器まわりや床の拭き掃除。
②タンクの水受けをメラミンスポンジで磨く。
③せっけん洗剤で便器の内部全体をブラシで擦り洗いする。
④臭いが気になるときは、クエン酸水を便器のふち裏にスプレーしてブラシで擦る。

洗面所　10分

①メラミンスポンジで洗面ボウルを磨く。
②排水口を古歯ブラシで掃除。
③鏡を固絞りしたふきんで拭く。
④棚や仕分けケースの内部、コスメ道具の周りをティッシュで拭く。
⑤蛇口や洗面台まわりの水滴をふきんで拭き上げる。

月末の「みそか掃除」

月末は「みそか掃除」と名付けて、月に1回のサイクルでやっておきたいことと、季節の変わり目にすることをしています。それらをいつもの週末のルーティンに月末だけプラスして夫婦で分担しています。

玄関のドアの拭き掃除などは私にとって月に一度で十分なので、そういうことをまとめてします。季節によって必要な家仕事は、例えば春なら衣替えの際に収納ケースを拭く、またはヒーターやストーブを清掃・手入れをして片付ける。夏なら庭の芝刈りや、浮き輪などの子どもたちの水遊びのグッズを洗浄して片付ける。秋なら扇風機を掃除して片付ける、冬用の寝具の用意をする、といったようなことです。

毎月末のタイミングで季節柄必要な家仕事を済ませておくと、次の季節を気持ちよく過ごせます。また、たまにしかしない掃除を月末ごとにしっかり終わらせれば、年末に大がかりな大掃除をしなくても済みます。年末年始をゆったりした気持ちで過ごすことができるのも「みそか掃除」のメリットの一つです。

フィルター掃除
5分

空気清浄機のフィルターやサーキュレーターに付いたホコリを掃除機のブラシノズルで吸い取ります。夏と秋は月末のみですが、ホコリが多くなる冬や、花粉やPM2.5が気になる春は週末のルーティンに。

玄関まわりの拭き掃除　10分

固絞りをしたウエスで玄関ドアの両側、インターホンまわりを拭きます。住んでいる自分たちは普段、自宅のインターホンを使わないため、インターホンまわりの掃除は忘れがちですが、お客様が目にして手を触れる場所なので忘れず拭くようにしています。このタイミングで、靴箱のなかの砂もミニほうきとちりとりで掃き出します。

水切りかごの掃除
10分

食器の水切りかごの受け皿は毎晩サッと磨いていますが、月末はそれに加えて、かご本体やカトラリー立てもメラミンスポンジで磨きます。また、洗いづらい部分には漂白剤をスプレーして除菌します。

＼忘れずに交換！／

毎月1日に取り換えるもの

・食器洗い用スポンジ
・家族の歯ブラシ

衛生的に月に一度は交換した方がいいなと思うものは、交換時期を逃さないように見た目がきれいでも「毎月1日」と決めて、交換します。食器洗い用のスポンジと家族の歯ブラシを総入れ替えして、新たな月をすっきりした気持ちで迎えます。

夫のルーティン

芝の手入れ

庭は最低限の手入れだけをしています。そのため、夏場だけ芝刈りを月末に行います。

お風呂と洗面所の換気扇カバーの掃除

洗面所やお風呂の換気扇のカバーの目にはホコリがたまりやすいので、月に一度、お風呂用の掃除ブラシで汚れを洗い流します。

お風呂場の除菌

お風呂場の黒ずみが気になった箇所には、漂白剤で除菌を。キッチンで使う漂白剤と共用です。週末掃除に加えるかたちで最後の仕上げに行います。

第3章
ルーティンを支える暮らしの心がけ

我が家のルーティン家事を支えるための環境作りとルールについて。

インテリアの心がけ

物もホコリもためない部屋作り

シンプルなインテリアが好きなので、置いている家具や雑貨は必要最小限にしています。インテリアのことは私の一存で好きにしていますが、我が家は私以外男性なので、全体的に中性的な雰囲気にしたいと思っています。そのため、色や柄が強く主張するものは基本的に選びません。床や家具は自然の木のものに統一し、家具以外の壁やソファカバーなど、リビングで大きな面積を占めるものは白をベースにして、すっきりとした印象にしています。

また、我が家の子どもたちは、幼いときは喘息が出やすい体質で、今もホコリを多く吸ってしまうと咳が出たり、目がかゆくなったりします。なので、ホコリが出やすい布物はなるべく部屋に置かないようにしています。ほかにも、物は極力表に出さないようにしていて、床に直に置くこともしません。引き出しや戸棚のなかに収め、見せない収納を基本にしています。

小物や雑貨を飾ることもほとんどしていませんが、家具以外何もない部屋は私にとっては殺風景に感じてしまうので、植物を家のあちこちに置いて季節感を取り入れています。植物なら水替えなどで日々動かすので、飾りっぱなしで気が付くとホコリがたまっているということはありません。また、植物を変えることで部屋の雰囲気も変わり、気軽に気分転換もできます。

あとは、機能性のある美しい日用品が好きなので、収納を兼ねたシェーカーボックスや夜に灯すキャンドルを置いています。

このような部屋作りをしておくとホコリが出にくくなるだけでなく、掃除を短い時間で終わらせることができます。毎日出勤前にハンディクリーナーでサササッと掃除をすることが朝のルーティンの一つですが、物をどかすこともほとんどなく、ほんの数分でリビングはきれいになります。

ちなみに、ホコリが出にくい部屋作りをしていますが、例外としてホコリの出やすいとされるソファは置いています。家族みんながリビングでくつろぐために欲しいと望んだので、家族のだんらんに必要だと思って置くことにしました。

布小物は最小限

家にいる間、長い時間を過ごすリビング。掃除のしやすさはもちろん、元からホコリが出にくいように、布小物は最小限にしています。これにより、掃除もラクです。その代わりに植物などを置いています。

カーテンではなく、ロールブラインド

窓にはカーテンではなく、ホコリの出にくいロールブラインドを取り付けています。日中はすべて上げてすっきりとした窓辺から外の景色を楽しんでいます。

クッションは置かない

素敵なカバーのクッションが欲しいなぁと思うことはありますが、子どもたちが投げて遊んだり、ホコリがたくさん出てしまいそうなので今は置いていません。

ラグは洗えるかが重要

我が家では冬の寒い時期しか敷かないラグ。汚れが気になったときに気軽に洗えるコットン100%のものを選んでいます。

少しの装飾を

すっきりとした白や木を中心としたリビングでは、何も飾らないと寂しい感じになってしまうので、植物や機能美な日用品を少し飾っています。

植物や果物を飾る

植物は暮らしに季節感を取り入れることができるので、切り花をあちこちに置いて、どの部屋にいても視界に入るようにしています。また果物も、食べるまでの数日間はキッチンに飾って目でも楽しんでいます。

機能美な日用品を飾る

雑貨は機能美なものを選んで飾っています。井藤昌志さんのシェーカーボックスには大人用の飲み薬やアロマオイルを入れています。木の経年変化の様子も楽しんでいます。

掃除の心がけ

ついでに、軽いうちに、予防掃除

私の掃除のスタンスは、汚れをためない「予防掃除」です。

汚れをためた状態でそこからきれいにしようとすると、時間も労力もかかり、掃除を面倒に感じてしまうのは当然だと思います。

なので汚れが軽いうちに、「ついでに」「軽いうちに」を意識しながら、ちょこちょこと掃除をするようにしています。使うたびや毎週末に、汚れがたまる前にサササッと拭いておくと、特別な道具や洗剤に頼る必要もありません。

ポイントは、「まだ汚れてないな〜」と思うくらいのタイミングで行うこと。

「あ、汚れてる！」と思う頃には、同時に「これをきれいにするのは面倒だな」という気持ちが生まれてしまうもの。だからほとんど汚れていないように感じても「予防」のつもりでササッと拭いておけばＯＫ。汚れやすいところほど、予防掃除のスタンスで拭いておくと、トータルで見て掃除にかける時間と労力が短縮でき、かつ、いつもきれいな状態をキープすることができ、気持ちよいです。

ついでに

いつもの行動のついでに、その場所でできる家事をプラスすると負担感なく、よく使う場所をきれいに保つことができます。朝、洗顔の前にハンドソープをワンプッシュした手で洗面ボウルをサッと磨きます。ほかにも40ページで紹介しています。

軽いうちに

容易に手が届く場所は、汚れが軽いうちに一拭きする習慣を取り入れています。気付くとホコリがたまっている照明の傘。毎週のルーティンにしておけば、汚れは軽いので、サッと拭うだけできれいです。

掃除の心がけ

掃除道具はシンプルに

「予防掃除」を基本としているので「軽い汚れを落とせたら十分」という基準で掃除道具や洗剤を選んでいます。道具も洗剤も特別なものは何もなく、すぐに手に入るシンプルなものばかりです。

ラクにきれいな状態をキープする上で大切なことは、「どんな道具、どんな洗剤を使うか」よりも、「掃除したい場所のすぐそばに、道具と洗剤があるか」だと思います。すぐに道具に手が届き、サッと手を動かせる環境を整えておけば、特別な洗剤は基本的には必要ないし、掃除すること自体も億劫にならずに済むと思うのです。

汚れが軽いうちに掃除することで、洗剤はなるべく使わずに済ませたいと思っていますが、そこにこだわりすぎないようにもしています。我が家では夫や子どもたちも掃除を担当しているので、本人たちが使いやすくてやる気が出るのなら、洗剤を使うのもいいと思っています。

例えばお風呂掃除の担当は、平日は長男で、週末は夫です。平日に長男が使う洗剤は、せっけん洗剤です。普段の皮脂汚れはそれで十分落ちるので、夫が担当している週末のしっかり掃除のときもそれで十分かなと思いますが、夫は塩素系漂白剤を使うこともあります。「除菌をしている！」という気分が高まることで掃除に対しての達成感や満足感が出るのなら、それもいいと思っています。塩素系漂白剤の環境への影響を自分なりに調べましたが、週末や月末のタイミングで数回使用するくらいなら問題なさそうでした。

同じ考えから食器洗いに使う洗剤も、私は普段せっけん洗剤を使っていますが、夫用には合成洗剤も用意しています。油汚れに強いとうたっているものを使うことでフライパンを洗う際のモチベーションに繋がるのなら、気分よく取り組んでもらいたいからです。

また、せっけん洗剤は環境にやさしいといわれていますが、合成洗剤に比べて使用量は多くなりがちです。人工的なものはよくないという思い込みは捨てて、使う頻度と量に気を付けながらうまく使い分けていければいいと思います。

道具はシンプルで使いやすいものを適した場所に、洗剤は使う人が使いやすいものを用意する。柔軟に考えて、家族みんなの掃除に取りかかるときの心理的な負担を、少しでも小さくしたいと思っています。

＼公開！／

我が家の掃除道具

掃除機は3台持ってます

物はなるべく持ちすぎないようにしていますが、かけたいと思ったらワンアクションですぐに掃除できるように、掃除機は用途別に3台持っています。軽いマキタは平日用に、重いけど吸引力抜群のエレクトロラックスは週末のしっかり掃除用に、ハンディタイプのダイソンは布物用に。そう決めておけばヘッドをいちいち取り換える必要もありません。そして一台ずつに役割が決まっているので、収納場所もそれぞれよく使う場所に収納しています。

1 マキタの充電式クリーナー→平日用

コードもなく軽いので、平日の朝やゴミが気になったらすぐに掃除ができます。特に床が白く、ゴミの目立つ洗面所とトイレまわりでかけるので、それらに近い階段下に収納。

2 エレクトロラックスの掃除機→週末用

吸引力が強いので、しっかり掃除の週末に使用。重くて大きいので1階で使うのみ。コンセントにすぐ差せるように、コンセント隣のリビングのクローゼットに収納。

3 ダイソンのハンディクリーナー→布物用

布物には、小回りの利くハンディタイプの掃除機が便利。週末は布団にかけますが、平日はソファにかけることもあるので、リビングのクローゼットに収納。

掃除用具

①洗濯せっけん、⑯暮らしのクエン酸／ともにミヨシ　②お風呂床用ブラシ、③スクイージー、⑧⑨入れ替え用ボトル、⑩目地洗いブラシ、⑭ハンディモップ、⑰お風呂用スポンジ、⑳カーペットクリーナー／すべて無印良品、④メラミンスポンジ、⑤白雪ふきん、⑥酸素系漂白剤、⑦食器用合成洗剤、⑪食器用スポンジ／亀の子束子、⑫古歯ブラシ、⑬使い捨てウエス、⑮塩素系漂白剤、⑱アルコールスプレー、⑲クエン酸スプレー

掃除用具はできるだけシンプルに

我が家の掃除用具を集めました。①のせっけん洗剤、④のスポンジ、⑬の使い捨てウエスの掃除3用具を基本に、場所ごとに＋α。

基本の掃除3用具

・洗濯せっけん1
肌にも自然にもやさしいので、掃除にはほぼこれを使用。
→洗濯、キッチン＆食器用洗剤、お風呂、トイレ

・メラミンスポンジ4
洗剤いらず。小さくカットして使用。
→洗面台、トイレの水受け、キッチンの洗いかご、器の茶渋取り

・使い捨てウエス13
古くなったタオルをカットして、拭き掃除用に。汚れた雑巾を持たずに済みます。

お風呂・洗面所・トイレ

お風呂は、平日は長男が1の洗剤（9に詰め替え）と17のスポンジで洗い、最後に入浴した人が3のスクイージーで壁の水切りをします。週末は夫が2や10のブラシで念入りに掃除。排水口は12の古歯ブラシを使用。月末は15で除菌と、16のクエン酸でシャワーヘッドの漬け置き洗いを。

洗面所は毎朝ハンドソープの付いた手で、週末は4で磨きます。

トイレは、使うたびに18のアルコールスプレーで拭き掃除。週末は1で磨き洗い。臭いが気になるときはクエン酸を溶いた19のスプレーで掃除。

キッチン

手洗いの食器は、1の洗剤（8に詰め替え）と11のスポンジで洗います。油汚れは、洗う前に13のウエスで汚れを拭い、夫は7の合成洗剤も併せて使用。キッチンの拭き掃除は基本的に13で、台ふきんは5を使用。5は、汚れたら6の酸素系漂白剤で漂白。

リビング

照明や小物のホコリには14のハンディモップ、水拭きには13を。20のカーペットクリーナーはソファやラグに付いた糸くず用。

掃除の心がけ

衛生管理のしづらい物は持たない

スリッパやトイレマット、キッチンの三角コーナー、お風呂の椅子、バスタオルなど、一般的なおうちにあるものでも、我が家にはない物はたくさんあります。

例えばキッチンマット類は、汚れやすいキッチンの床を汚さないために役立つと思いますが、それらを清潔にキープするためにはマメに洗う必要が出てきます。また、肌着などとそれらを一緒に洗濯機に入れるのには私は抵抗があるので、個別に洗うことになります。ということは、そのために1回多く洗濯機を回さなければならない日が多くなるということ。それよりは、使い捨てのウエスやペーパーで、一日の終わりに床に付いた水滴や油汚れをサッと拭きとった方が、かかる時間も労力も私には小さく済むので、それらは持たないことにしています。

暮らしまわりの物は清潔な状態をなるべく保ちたいと思っています。

なので、そういうものを使うメリットと、それらの手入れをする労力を天秤にかけてから、物を持つようにしています。

我が家にないもの

それを持つのと持たないのでは、どちらが自分にとって心地よいかで判断しています。

☑ バスタオル

フェイスタオルで代用しています。共働きの我が家では急な雨に対応できないので、基本的に部屋干しをしています。そのため、バスタオルをしっかり乾かす手間と、干すスペースの確保を考えて、持たないことにしました。

☑ 三角コーナー

調理中に出る生ゴミを入れるシンクの三角コーナー。洗う手間を考え、我が家ではシンクの隅にビニール袋を直に置いて生ゴミはそこに入れています。調理後は排水口にたまったゴミもまとめて、そのままゴミ箱へ。

☑ お風呂の椅子

ぬめりやすそうなので持っていません。洗髪や身体を洗うときは洗い場にしゃがみ込んで済ませています。汚れやすい水まわりに置くものは必要最低限のアイテムに絞りたいと思っています。

☑ スリッパ

スリッパなしで過ごしても不便を感じなかったので、すべて処分。来客時には申し訳なく思うこともありますが、衛生管理に気を付けても不特定多数が履くものをお客様にお出しすることが私は気になったので、よしとしています。

収納の心がけ

物には定位置を決め、使うものは使う場所へ

我が家にある物はそれぞれに定位置があります。輪ゴムや綿棒、爪切りなど、どんな小さなものにも定位置を決めて、物ごとにまとめて、一か所に収納しています。

定位置は一か所だけなので、家族全員「何がどこにあるのか」も把握しています。そのため、子どもたちは探し物をすることもなく、使いたい物があれば自分で取って来ます。忙しいときにいちいち「ママ、◯◯はどこ～？」と聞かれなくて済むので助かります。

収納する場所は、基本的に使う場所のすぐ近くにしています。使い終わった後も、すぐそばの定位置に戻すだけなので、使ったまま出しっぱなしの状態になることも防げます。

同じ用途のアイテムが家中の数か所に点在すると在庫の管理にも困りますが、それぞれ一か所にまとまっていれば、残量の把握も容易です。そのため、買い物は週に一度しかしない我が家でも、買い漏れや重複買いを避けられます。

文房具
↓
ダイニング

子どもたちの宿題のチェックや提出物への記入はダイニングテーブルで行うので、文房具は座ったまま手が届くキッチンカウンター下の棚に収納しています。すぐ手が届く場所だと作業がスムーズに運びます。

ほうき
↓
玄関

外遊びが好きな子どもたちが帰宅すると、玄関はすぐに砂だらけに……。私が仕事から帰宅するタイミングにサササッと掃除ができるように、ほうきは玄関ドアと下駄箱の間の隙間に立てかけています。

収納の心がけ

見えないところはざっくり収納

「見せない収納」が基本の我が家。物の定位置を決めるときは、同時に、この箱に入るだけ、この引き出しに入るだけなどと、その物のキャパも決めてしまいます。

ただ、それらをしまう箱や引き出しのなかは、ある程度のゆるい仕切りがある、またはまったくないかのどちらかで、細かく仕切って収納はしていません。我が家は、家族みんなで整理整頓をするので、細かい収納をすると混乱の元になると思ったからです。引き出しのなかにある元の場所に戻すのも面倒だし、そこに戻っていなかったら直す手間もあります。だから見えないところは、そこに戻せばＯＫのざっくり収納にしています。

引き出しのなかもきっちりとそろえて収納した様子は、見た目に美しいのでいいなぁとも思いますが、細かく仕切って収納することになると「守ってよ！」という私のストレスと「守らねば！」という家族のストレスが出てきてしまいそうなので、我が家は今のところ、見えないところはざっくり収納がベストかなと思っています。

1

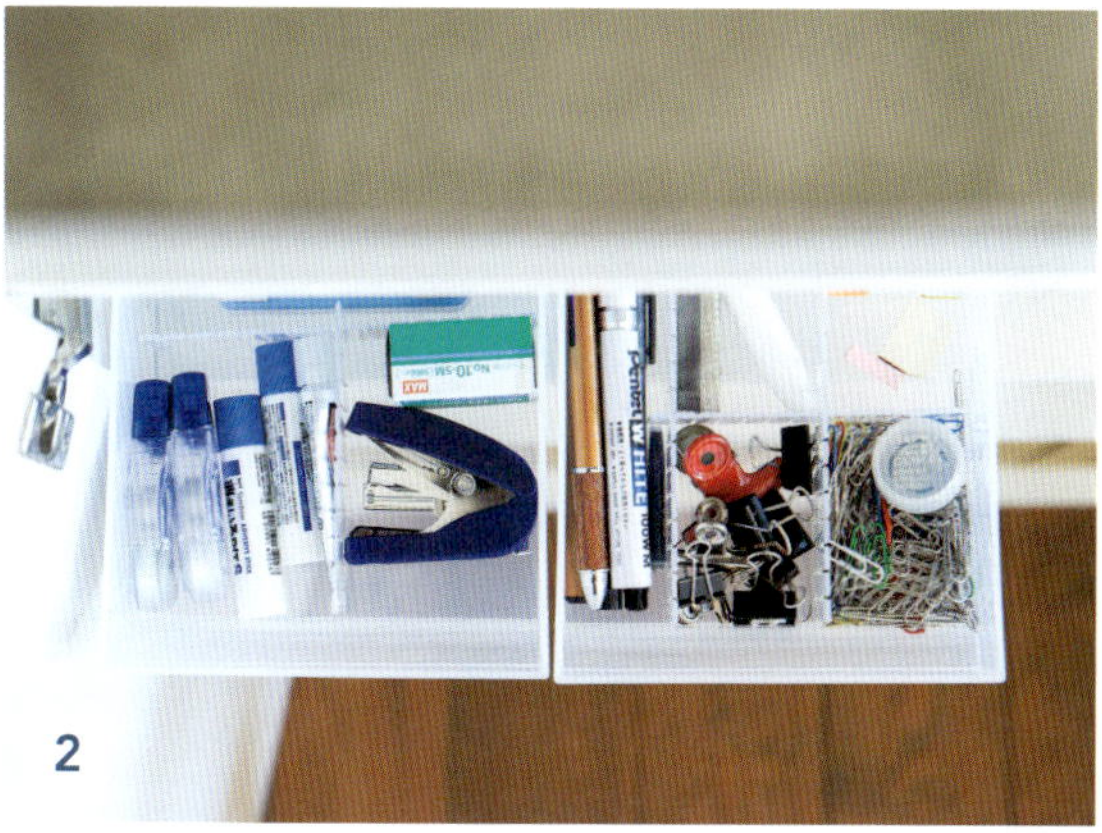

2

3

①キッチンの引き出しのカトラリー。大きなスプーン&フォーク、小さなスプーン、フォーク、木のカトラリー、お箸に仕分け。
②細々した文具を用途別に収納。
③玄関の下駄箱には、鍵やICカードなど、外に持ち出すものを収納。

ライフスタイルの心がけ

丁寧で素敵な生活のイメージに縛られない

新婚当初の私は、よくいえば好奇心旺盛、悪くいえば人にすぐ影響されるタイプでした。友だちの実際の暮らしや、本やネットで見た暮らしで、「素敵！」「いい！」と思うことにはすぐに真似したくなって、うずうずうずうず。実際に、「丁寧な暮らし（っぽく見えること）」に手を出したり、「素敵（っぽく見えるよう）な時間の使い方」に憧れたりして、かたちから入ったこともありました。

だけど、ほかの人の「なんだか素敵」のうわべだけをすくって真似していても、結局は続かないのです。多分それは、自分の暮らしに合っていなかったからだと思います。どこかで無理をしてしまい、かたちだけに囚われて心から楽しめてはいませんでした。

時間や心に余裕があれば、そういったことに気持ちと体力と時間を割いても、バランスを取れたのかもしれません。だけど、フルタイムで働いて自由に使える時間が少ないと、自分が本音で望むことに時間を使っていかないと、自分が苦しくなるばかり。「素敵な暮らしを手に入れるための丁寧な取り組み」が、気付いたら「これくらいはやって当然」という、自分を追い詰めるストレスになっていました。

自分が望んだものに、自分が苦しめられている。そんな暮らし方はおかしいなぁと思った私は、自分の本音をとことん突き詰めることにしました。憧れやイメージや思い込み、また過去の自分の好みに引きずられていること……。いろいろなものを手放し、今の自分が本音で望む時間の使い方、暮らし方を考えてみたのです。

普段は出汁を一から取るのをやめる。緑豊かな庭を造るのをやめる。子どもにはママが手作りおやつを作ってあげた方がいいという思い込みをやめる。ミシン仕事は必要最小限しかしないなど、それを機に「やめる」、あるいは「しない」と決めたことがいくつもあります。

今の暮らしは昔の私が憧れていた「丁寧な暮らし」からは程遠いですが、外からの影響に振り回されることもなくなりました。

「ごきげんに暮らすために自分の時間をどう使うのか。それは自分にとって本当にやりたいことなのか」。

そこをしっかりと見つめ、整理を進めたことで、暮らしはシンプルになったと思います。

出汁パックを愛用

以前はいりことかつお節で出汁を取っていましたが、今は気軽に市販の出汁パックを使っています。気持ちと時間に余裕のあるときは、一から出汁を取ることもありますが、普段の食事すべてに丁寧に取った出汁を使おうと思うことをやめました。

砂利を敷いた庭

一軒家で暮らしはじめた当初は、ハーブや季節の花が生い茂る庭に憧れて、いろいろな苗を植えたりしていました。ですが、庭仕事が好きではない私には、植物を育てて手入れすることがだんだん負担に。手入れ不要の砂利敷きに変えて、一部を夏の間だけ手入れする芝にしました。

素朴なおやつは市販のものを

子どもたちには食事だけでなくおやつも手作りのものを食べさせたいと思っていましたが、負担が増してしまい、日常的に作ることはやめました。普段のおやつは市販のものをうまく取り入れつつ、誕生日やイベントのときには楽しんで手作りのお菓子を作るようにしています。

学用品は市販品を活用

子どもが生まれるまでは下手ながらも裁縫が好きでした。その名残から、子どもの学用品などはすべて手作りで……と思っていましたが、だんだん負担に。次男の小学校入学準備品には市販のものも取り入れました。

物を買うときの心がけ

買うことは、その物に対しての清き一票

物を買うときは、値段や一時の感情で買うかどうかの判断をしないようにしています。

お金を払って物を買うのは、「その価値を認め、支持します」と表明することだと思っているからです。今の我が家の収入に見合った支出を心がけつつも、値段が多少高くても、暮らしの質を上げてくれるものや、身体や環境にやさしいものを積極的に選んで使っていきたいと思っています。

元々流行りのものには疎いのですが、年を重ねるにつれて、自分の好みや自分に合うものが少しずつ分かるようになってきました。それ自体がどんなに素敵でも、自分に合ったものでないと、結局使うこともなくなり、買ったことを後悔してその物自体を無駄にしてしまった過去の失敗から学んできました。

物に付けられた値段には、高いなら高い、安いなら安いだけの理由があります。だからといって、高価だからよい、安価だから粗悪、というものでもないので、値段そのものではなく、それが自分または我が家にとって適正な価格かを考えて合理的に判断したいと思っています。

また、購入するのを迷ったときは、その物を単体で見るのではなく、それを手に入れた後の暮らしや時間の使い方を想像するようにしています。

家具や雑貨、洋服など長く使うものは、よりしっかりと考えます。

日用品や洗剤などの消耗品は、一度しっかりと自分の好みと希望に合うものかを検討して選んだら、定番として長く愛用しています。自分の暮らしの定番を一つずつ決めていくと、買い物にかかる時間と労力をカットできるし、買い物の失敗を防ぐこともできます。

一方で、旅行などの経験や、食べ物のように後に残らないもの、本や映画、音楽などの知識として身体に入れるものは、あれこれと目移りすることや新しいものとの出会いを積極的に楽しんでいます。

まだまだ買い物上手とはいえないですが、快適に暮らせるだけのものはもう十分に持っているので、これからはそういった後に残らないもの、目に見えないものへの支出を増やしていきたいと思っています。

家族への心がけ

夫婦の家事分担について

我が家では、家事は夫と分担しています。その割合は、子どもの世話まで入れるとほぼ半々のこともあります。もちろんこの協力体制は一朝一夕でできたわけではありません。最初は私自身、夫にうまく家事を任せることができなかったし、夫も私がお願いしたい家事をスムーズにできたわけではありませんでした。

私が専業主婦だった頃から、夫はタイミングが合えば、お願いした家事を快く引き受けてくれる協力的な人だったので、当時赤ちゃんだった長男のおむつ替えやゴミ捨てなど、比較的すぐにやってもらえるものをお願いしていました。その頃はあくまでもお互いに「手伝ってもらう」「手伝ってあげる」というスタンスでした。

ただ、私が再就職して勤務時間を延長していくにしたがい、家事に対する夫婦の取り組み方を見直したいと思うようになりました。家事を手伝ってもらえることはありがたいのですが、私が外で働くにあたって、そのまま家事を「手伝ってもらう・あげる」というスタンスのままでは、「私ばっかり家事をしている」という心理的負担をどうしても感じてしまうと思ったからです。そのため、家事や子どもの世話について、どちらが責任を持って担当するのかを話し合いました。

担当は、それぞれの性格や得意なこと、生活リズムによって、より負担の小さい方がするというかたちで決めていきました。

例えば、私は始業と終業時間が定められた職場で働いているので、時間の融通を利かせることは難しい。対して夫は自営業なので、時間の都合を調整することは私よりも容易。そのため、子どもたちの保育園の送迎や病気のときの通院は基本的に夫の担当に。

一方、夫は細かい作業や整理整頓が苦手で、家が散らかってもまったく気にならないタイプ。そんな彼に掃除を任せるとあっという間に家中が乱れてしまうので、掃除や整理整頓、その環境作りは私の担当、という具合です。


夫婦の家事分担は最初からなかなかうまくはいかないと思います。

夫側は、いきなり家事を分担してほしいと言われてもどうしたらいいのか分からない、またはできないことも多いと思います。一方妻側は、いざ夫にやってもらっても望むようにならず、結局後から自分でやり直したり、不満を感じてしまったりすることもあるかもしれません。

実際に我が家もそうでした。けれど、私は本気で分担したいと思っていたので、自分の考えややり方を夫に一方的に押し付けるのはやめようと考えを改めました。家事に限らず不慣れなことをいきなり完璧にできる人なんていません。最初は失敗したり、やり直しが必要な仕上がりを目の当たりにしたりして、つい「自分でやった方が早い！」といいたくなっても、そこはグッと我慢することにしました。我慢できずに文句をいってしまったり、途中で取り上げてしまったりすると、本人のやる気もなくなり、いつまで経っても任せられないまま。結局自分でやるしかなくなってしまいます。

そうならないために、分担を進めていく際に気を付けたことがいくつかあります。

・家事のなかで口出しせずにお願いできるものから渡していく

家事を自分のやり方とペースでできると、夫の家事参加への満足度も高まります。そのため私がつい口出しをすることなく、夫にすべて任せられるものからお願いしていきました。我が家の場合、子どもの送迎や宿題のチェックなどの子どものこと、洗濯物を干す、布団に掃除機をかけて畳むなどの、割れたり壊れたりしないもののケアなどです。一つ一つ着実に家事を身に付けていくことで、夫のほかの家事に対する苦手意識や抵抗感も薄まったように思います。

・「ここまではやってほしい」を伝える

我が家では、お風呂掃除は夫と子どもたちの担当です。こちらの希望である「汚れが残らないように磨いてほしい」「湿気がこもらないようにしてほしい」と伝えたら、どんな道具や洗剤でどう掃除しようと、すべてお任せしています。つい口出ししてしまいそうになりますが、あとはその人のやり方に任せるのが大切だと思います。

また、つい「いつも見ていたら分かるよね？　察して動いて！」と思ってしまいがちですが、男性には分かりやすくはっきりと言葉で伝えるのがポイントだと思います。こちらから、「何を、どのタイミングで、どうしてほしいか」をしっかり伝えるようになったら、円満に分担が進むようになりました。「察してよ」は夫への甘えだったなぁと今では思います。

分担する内容が決まれば、あとは基本的には手伝いません。もちろん、相手が仕事や体調不良などのときは、思いやりを持ってカバーし合いますが、それ以外の場合には、どうしてもお互いに甘えが出てしまうと思うからです。やるべきことはしっかりやって、頼りすぎない。そんな感じを理想にしながら我が家は家事の分担をしています。

子どもへの心がけ

子どもの年齢に合った役割分担

子どもを育てる上で「よい習慣に子どもを導く」ことを大切にしています。早寝早起き、食べ物の好き嫌いをなるべくしない、外で身体を動かして遊ぶ、テレビやゲームの時間は管理して楽しむなど、私が子どもの心と身体の健やかな成長にいいと思っていることが、本人たちにとって「当たり前」になるように、できる限り働きかけているつもりです。

「自分のことは自分でする」というのも、子どもたちに当たり前の習慣にしてほしいことの一つです。幼い頃から保育園に通っていた子どもたちには、「保育園でしていることは、家でも自分でしようね」と教えてきました。身支度や自分の持ち物の用意はもちろんのこと、家に上がる前に靴の砂を落とす、食後の自分の食器をシンクまで下げる、上靴は自分で洗うなど、自分の汚したものの後始末も自分でさせています。

それに加え、「家族のために家のこともしよう」ということも伝えてきました。「みんなが家事を協力してくれないと、ママは働いて帰ってきて一人で家事をしていたら、それだけで寝る時間になっちゃう。それだとママは自分のことをする時間が取れないでしょ？

それっておかしくない？」とたびたびはっきりいってきました。それを聞いた子どもたちは、「確かに……仕事から帰ってきて、家でもママばかり働くのはおかしい」と彼らなりに思ってくれている様子です。

我が家では、子どもの成長に合わせてできそうなことは、どんどん役割を与えて分担してきました。

現在10歳の長男は、お風呂掃除、食器拭き、お米研ぎを担当しています。7歳の次男は、食器拭き、洗濯物をハンガーから外すことを担当しています。ほかにも、ごはん作りや食器洗い、掃除など、時間と状況が許すときは何でも一緒にするようにしています。

同じ時間に、近い場所で、家族一緒に家事をすることで、家事の時間を家族のコミュニケーションの時間にすることができると思っています。やるべきことを済ませながら、その日あったできごとなどを話し合う時間にもできて一石二鳥です。

「家族みんなで家事をパッと終わらせて、みんなでくつろごう！」ということが、子どもたちの家事参加のモチベーションにも繋がっているように思います。

もちろん最初は「じゃ、お風呂洗いをお願いね」といってもうまくはいかないと思います。我が家では、普段から親がやっているのを見せておき、なるべく本人が遊びの感覚で自分から「やってみたい！」というまでは様子を見ていました。

そして、実際にやる際には、

①こちらが見本として一通りやってみせる

②一緒にやる

③一人でちゃんとできるようになるまで見守る

という3つのステップを繰り返して、急がずに一つずつ子どもたちができるものを増やしていきました。

夫と家事を分担するときと同様に、最初は時間がかかるのに、望む仕上がりにならないこともあり、「自分でやった方が早い！」と自らやってしまいたくなることもあるかもしれません。でも、きちんとステップを踏んで教えてあげれば、きっとできるようになるので、親も忍耐強く、ゆっくり見守ることが必要かもしれないなと思います。

また、実際にお願いをして、前述のステップを踏んでもできなかったときは、「まだ早かったのかな」と一旦すっぱり諦めるようにしています。もうしばらくは「親子で一緒にやっていこう」と思うと、「なんでできないの？」と子どもに対して思うこともなくなると思います。

ちなみに、しっかりマスターできるようになったら、その仕上がりは厳しい目でチェックしています。甘えや怠け心から適当に済ませた際にはきつく叱ることもあります。「子どもだからしょうがない……」で済ませてしまうと、結局いつまでも安心して任せられないし、本人のためにもならないと思うからです。

もちろん、ちゃんとできているときは「ありがとう！　助かったよ」「さすが！　今日もバッチリでママはうれしいよ！」などと、ありがたいと思っていること、うれしいと感じていることを、毎日、毎回、しっかり言葉と態度で伝えています。

できていないときに厳しく叱られるからこそ、感謝されたときや褒められたときには本当にうれしい気持ちを感じてくれて、次へのやる気に繋がっているのでは……と思っています。

子どものためのスムーズな動線作り

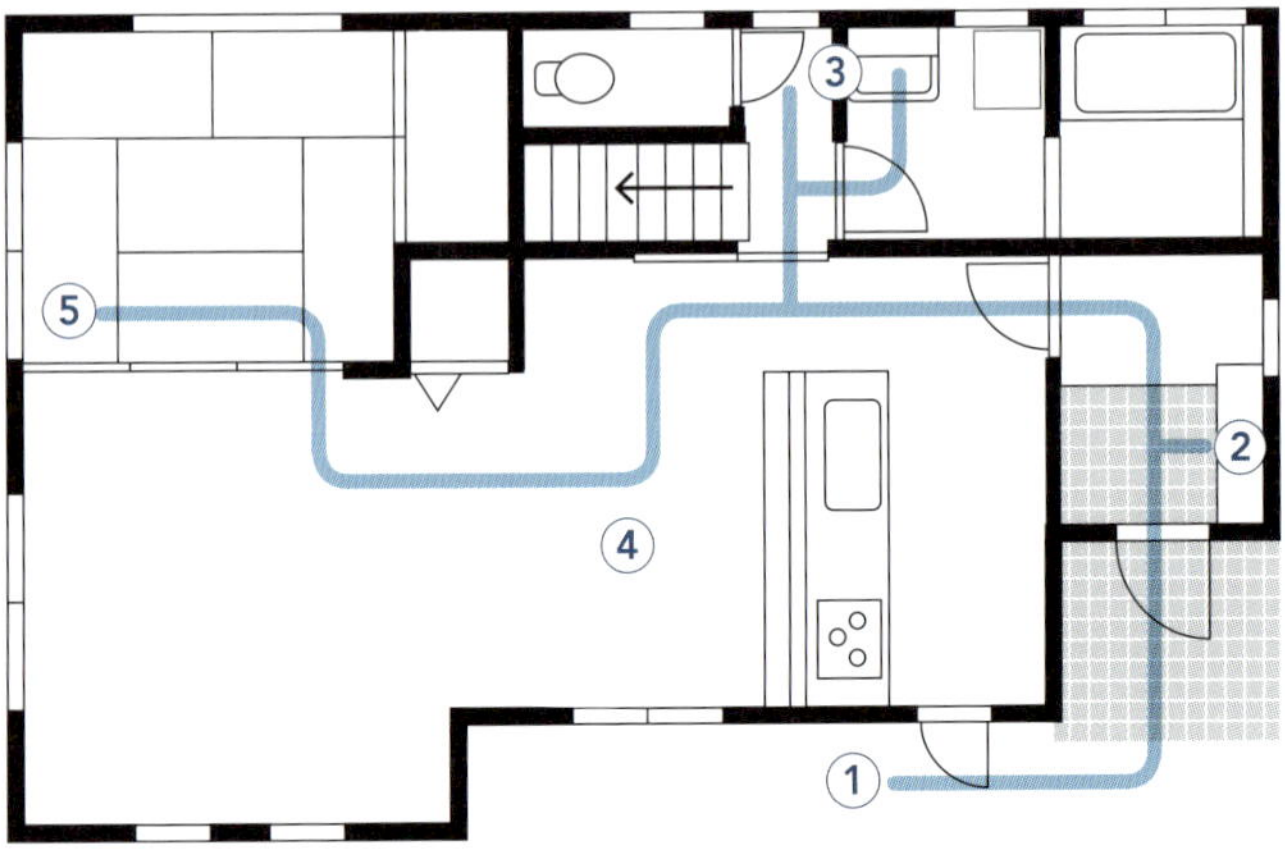

我が家では、子どもたちが出かける準備や帰宅後の片付けを自分でできるように、子どもの持ち物は彼らの生活動線を考慮して置き場所を整えています。
ポイントは3つ。①子どもの目線に合わせた位置に置く。②使う場所に使うものを置く。③ワンアクションで手に取れる（戻せる）ようにする。
子どもに一度教えたら、代わりにしてあげることは決してせず、何度も声かけをしてその流れを子ども自身に身体で覚えさせました。

玄関に外出時に必要なものを

帽子 ②

外で使うものは、玄関まわりにまとめて収納することで、忘れ物も防げます。帽子は、下駄箱の扉の内側のフックに収納。

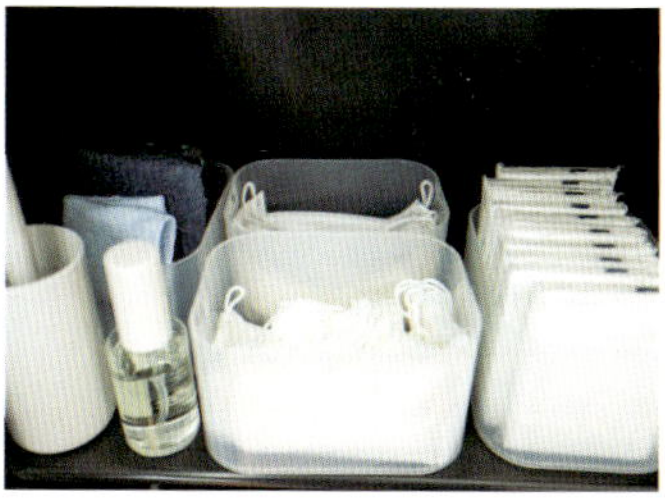

遊び道具 ①

ボールやグローブなどの外遊びの道具は、玄関ドア近くの収納ケースへ。玄関に置きっぱなしになるのを防げます。

身だしなみセット ②

鍵やハンカチ、ティッシュなど、外出時に必要なものは、玄関に。マスクも基本的に屋外で使用するのでここに。

子どもの動作に合った流れ作り

洗面所の隣にジャンパーかけ ③

洗面所で手を洗う前に、上着をフックにかけます。玄関への設置も考えましたが、子どもの上着は明るい色なので、洗面所横の目につきにくい場所にかけることにしました。

ダイニングに提出物を ④

手を洗ったら、ダイニングテーブルに提出物を置きます。親はダイニングテーブルで提出物の確認や必要事項の記入を行います。

子ども部屋にランドセル ⑤

ランドセルはリビング横の子ども部屋の定位置へ。体操服などの翌日の持ち物は、ランドセルの上に置いて、忘れ物を防ぎます。

第4章
ルーティンを取り入れた台所仕事

平日の食事作りをラクするために取り入れているのは、週末1時間の作り置き。

平日にがんばりすぎない台所仕事

お母さん業をする上で大切にしていることの一つが、ごはんの支度です。毎日の食事は、子どもたちの身体を作り、心を満たすもの。そう思うと「手をかけて作った、ちゃんとしたものを食べさせたい」と思い、子どもが生まれてすぐの頃は何でも手作りをしていました。毎回出汁を取るのはもちろん、味噌や梅干し、ときにはケチャップもお手製でした。けれど今は、市販のものを上手に使って、「子どもたちと美味しく食べる時間」を大切にしたいと思っています。

我が家の子どもたちには食物アレルギーがあるので、食べられるものに制限があります。できあいのお惣菜やレトルト食品はほとんど食べられないので、自ずと私が作ったものを食べます。毎日毎食台所に向かうため、「何でも手作りがいい」「食事は丁寧に作るもの」という思い込みやこだわりを捨てることで、食事作りは以前より手軽に、そして楽しくなりました。

献立を考える際はとてもシンプルです。

まず、平日ラクをするために、休日にごはん貯金（作り置き）をしておくことをルーティンにしています。104ページから紹介していきますが、休日に平日一週間の夕食を決めるのではなく、下ごしらえや下処理だけ先にしておいて、あとはそのときに食べたいものを作ります。平日に手間のかかる揚げ物や、新しいメニューに挑戦することもほとんどありません。

加えて、朝昼晩いつでも食べられる和惣菜も用意します。ひじき煮やきんぴらなど、具材を変えることはあっても、いつも作るのは大体同じものです。我が家の子どもたちはありがたいことに、同じようなラインナップでも飽きることなく美味しく食べてくれるので、定番として繰り返し作っています。またいつも作ることで、調理時間も時短化できます。

そうして、平日はお腹と栄養を満たすものを手早く作り、家族でテーブルを囲む時間を大切にしています。それに対して週末は、家族のリクエストに応えた料理を作ったり、手の込んだものにも挑戦したりします。料理にかける時間も平日よりも長く取り、料理をすること自体を楽しんでいます。

我が家にとっては、手をかけて作ったとか、品数が多いとかよりも、家族や好きな人と和やかにテーブルを囲む、温かいものは温かいうちに食べる、家族の体調を見ながらその日や次の日の献立を考える、そういったことすべてが、豊かな食卓なのだと思っています。日々の食事作りをつい重荷に感じてしまうこともありますが、そんなときは自分にとっての「豊かな食卓」を思い出すようにしています。

週末のルーティン

週末1時間だけ、作り置きを作る

平日にラクするためのごはん貯金として、週末に作り置きを作ることをルーティンにしています。

ただ、平日のためとはいっても、あまりがんばりすぎないようにしています。そのため週によって作る品数は違っても、「作り置きにかける時間は1時間以内」と決めています。時間のリミットを設けることで、ついあれもこれもとがんばりすぎてしまうのを防ぐことができ、1時間という目安が明確なので、「よし、1時間だけ」とやる気も出ます。

作るものは大体こんな感じです。

・平日の夜ごはん用の主菜→1～2品
・和惣菜→数品
・おかずの素／週に一度まとめて買った、お肉や魚、野菜の下処理→できる分だけ

何を食べるかはある程度その日の天候や気分で決めたいので、平日の夜ごはん用の主菜の作

り置きは、作っても1~2品（月曜、火曜分）のみ。また作り置く主菜は、帰宅してからすぐに食べられるよう、おでんや煮物、煮込み料理など当日に温め直すだけのものを仕込んでおきます。これにより、その日の夕飯の支度にかかる時間を短縮でき、その余裕ができた時間で翌日分を仕込んでごはん貯金を続けるというのが、私のベストな流れです。

我が家では子どもたちは毎朝和食を食べます。ただ、私は早起きが得意ではなく、朝におかずを作る時間はなかなか取れないのでひじき煮や切り干し大根、きんぴらなどを数品、週末に作り置きます。いくつか作ることで、それらを組み合わせて毎朝のおかずが同じにならないようにしています。あとはお汁物と昨夜のメインから取り置いていたおかずを合わせたら子どもたちの朝食の完成。物足りないかなと思ったときは、納豆をプラスします。これら作り置きのおかげで10分とかからず朝ごはんの用意を終えることができます。そして作り置いた和惣菜は私のお弁当にも、夕食の副菜としても大活躍です。

あとは、平日の負担を減らすため、おかずの素と、まとめ買いをした野菜の下茹でや、肉や魚の下処理も済ませて冷凍しておきます。以上で週末にする平日のための台所仕事は終了です。

少しあるだけで朝食やお弁当作りが格段にラクになるので、無理せずに続けています。

週末1時間で仕込むもの

・主菜1～2品 3 5

月曜日の夕食に温め直すだけの煮物など、煮込み料理を作ります。煮込んでいる間にほかの調理を進めます。このときは豚汁も作りました。具だくさんの汁物があれば、あとはお肉やお魚を焼くだけでOK。

・和惣菜2品以上 1 6

子どもたちの朝ごはん用にひじき煮やきんぴらなどの和のお惣菜を数品作っています。一度にたくさん作っておけば、お弁当にもこれらを詰めるだけでOK。栄養バランスも取りやすいです。

・おかずの素&下ごしらえをできる分だけ 2 4

おかずの素を1～2品仕込むことが多いです。あとは週の後半に使う予定のお肉や魚の下処理と、野菜を茹でたり蒸したりしておきます。ひき肉の場合は火を通してとりあえずそぼろにしておくことも。

・ホームベーカリーで食パン3斤

ホームベーカリーで卵と乳製品不使用の食パンを3斤、週末にまとめて焼きます。子どもたちが代替え給食として持っていったり、夫婦の朝ごはんにしたり。カットして1枚ずつラップに包み冷凍。

①れんこんとひき肉のカレーきんぴら　②蒸しブロッコリー　③豚汁　④かぼちゃスープの素　⑤鶏手羽元と大根の煮物　⑥ひじき煮
珍しい食材や変わった味付けは子どもたちが好まないので、毎週似たようなラインナップですが、それが時短に。定番が続いても、美味しく食べられるのならそれでいいと思っています。

平日のルーティン

無理のないお弁当作り

平日は自分のために1つ、夏休みなどの学校がお休みのときは子どもたちのものと合わせて3つのお弁当を作っています。作り置きや前夜の夜ごはんのおかずを取り置いて詰めるだけの簡単弁当なので、短時間でパッとできてしまいます。ただ卵料理だけは当日作った方が美味しいので、それだけは毎朝作ります。

それでもお弁当作りが負担なときは、自分の分だけなら迷わずパスしてしまいますが、子どものお弁当作りは気がのらなくてもパスはできません。そんなときは、オムライスや焼きそばなど、フライパン一つでできるものを作って、ザッと詰めて完成。またはお肉と野菜を焼くだけの焼肉や、豚肉の生姜焼きをごはんの上にどーんとのっけただけの男子弁当でのりきります。そのくらい気負わない方がラクだし、案外子どもはそんなお弁当の方が好きだったりします。

また、子どもたちのお弁当にはなるべく彼らの苦手なものは入れないようにしています。苦手なものの克服は夕飯どきなど私がそばにいるときにがんばれたらそれでOK。子どもたちには「お弁当は、美味しくてうれしいもの」と思ってもらえたらいいなと思っています。

朝作るのは卵だけ

お弁当のために朝作るのは、基本的に卵焼きか茹で卵だけ。朝から火を使う調理が多いと、後片付けも時間がかかるからです。いつもの自宅の味に、お昼休みもほっと心が和みます。

フライパン一つで作れるもの

朝に火を使う場合は、オムライスや焼きそばなど、フライパン一つで済むものにしています。詰める際もザッと流し込めばよいので、あっという間に完成。洗い物もラクです。

＼実録！／

我が家の平日ごはん

我が家の平日１週間の実際の食卓を紹介。平日は、支度と片付けが手早く終わることを優先し、家族で「美味しいね」と食べられるよう、無理のないレベルで作っています。

月曜 に作り置いたもの

日曜に仕込んだおでんのおかげで支度も片付けもあっという間。その時間で翌日以降のためにごはん貯金。

・きゅうりと昆布の和え物
・シチューの素

水曜 に作り置いたもの

メインの炒め物が短時間でできたので、煮物を作りました。

・鶏じゃが
・れんこんとひき肉の
　カレーきんぴら
・茹でほうれん草

週末 に作り置いたもの

寒くなると予報があった月曜の夜のために、おでんを大量に仕込みました。あとは和物菜や野菜のおかずを多めに用意。

・おでん
・かぼちゃとレーズンのサラダ
・大根とにんじんの酢の物
・きんぴらごぼう
・れんこんとにんじんのきんぴら
・塩揉みきゅうり
・蒸しブロッコリー

火曜昼　野菜弁当

朝に卵焼きを焼いただけ。あとは作り置きを詰めただけなのですぐに完成。野菜が好きなので、野菜のおかずだけでも満足。

月曜昼　唐揚げ弁当

半日授業の日で給食はなかったため、子どもたちにもお弁当を作りました。日曜の夕食の唐揚げを取り置いていたので、それらと常備菜を詰めて。

火曜夜　タコライス

帰宅後、トマト缶でタコミートを作りました。汁物は月曜夜に作ったシチューの素を豆乳でのばしました。作りはじめてからレタスの買い忘れに気付き、水菜で代用（笑）。

月曜夜　おでん

お鍋をどーんとテーブルに置いて、それぞれが好きな具材をお腹いっぱい食べました。家族みんながおでん好きなので、おかずはおでんだけでもクレームなし。食後に作り置きを作りました。

木曜昼　鶏じゃが弁当

前夜作った鶏じゃがをメインに、朝に作ったのは卵焼きとにんじんとレーズンのラペのみ。あとは、作り置きを詰めて完成。

水曜昼　タコライス弁当

前夜のタコミートを使い回し、茹で卵だけ朝に作りました。レタスはないので、お弁当にも水菜を使用。味もしっかり付いているので、冷めても美味しい。

木曜夜　鶏じゃが

鶏じゃがは夕食のメインにも登場。春菊と卵のお味噌汁以外はすべて作り置きなので、帰宅後すぐに夕食のでき上がりです。

水曜夜　回鍋肉《ホイコーロー》

長男からのリクエストで回鍋肉に。炒め物なので、すぐに完成。月曜夜のおでんの残りに、追加でこんにゃくなどを入れて。食後に煮物などを作りました。

＼スッキリ！／

冷蔵庫は空っぽに

土曜日の朝食後には、見事に冷蔵庫が空っぽに。もしも食材や作り置きが残っていたら、土曜日のお昼ごはんに食べています。このタイミングで冷蔵庫のなかをアルコールスプレーで拭き上げます。

＼掃除もラクラク／

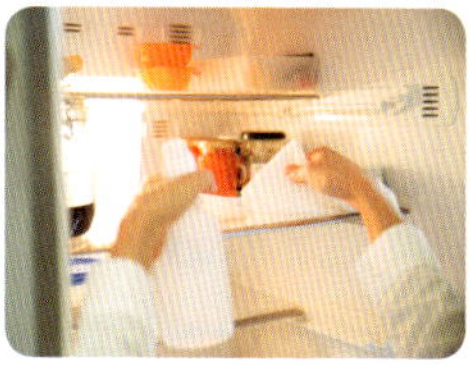

金曜昼 食堂で麺類

職場の同僚と一緒にランチをするため食堂へ。週に一度ほど利用しています。お昼休憩の間にたくさんしゃべりたくて、麺類をチョイス。

金曜夜 カレーライス

カレーライスは子どもの持参給食のため、昨夜に夫が作ってくれました。ガーリックオイルで炒めたきのこ数種を春菊の上にのせたサラダを添えて。

週末のルーティン

食材は週に一度のまとめ買い

食料品も日用品も、買い物は週末に一度、まとめ買いをするのみです。平日は仕事が終わったら一刻も早く帰宅して、夕飯の支度に取りかかりたいからです。

週に一度の買い物で買い忘れがないよう、平日に買いたいものが出てきたらその場ですぐにスマホでメモをするようにしています。

入力する際はお店ごとにページを作り、各お店の入口からレジに向かうまでの売り場の並び順に入力をします。例えばスーパーなら、野菜→豆腐・納豆→魚→肉→調味料→乳製品→冷凍食品→日用品などとメモ内で大きく分けておき、買うものが出てきたら、その都度、当てはまる箇所に入力していきます。こうしておくことで、実際にスーパーに行った際にも、レジ付近まで進んでから「あ！　入口近くの豆腐を買い忘れていた！　取りに戻らなきゃ！」なんていう面倒な事態を避けられます。買い物をしている間はスマホを片手に進み、メモの商品をカゴに入れたら削除を繰り返し、レジに着くときにはメモが白紙に戻っている状態にすると買い忘れがありません。

スーパーでの時短買い物術

スーパーで買い物する際は、買い物カートの上下にかごを２つ置きます。上のかごには常温の商品を、下のかごには豆腐やお肉などの要冷蔵の商品を入れていきます。それぞれかごを分けておくことで、レジを済ませたら、袋詰めもスムーズです。また、家に帰って冷蔵庫やストックへ収めるときも、それぞれ一気に済ませられるので時短になります。

家族みんなよく食べるので、週に一度の買い物は大量。帰ってきたときにはすでに、常温のものと要冷蔵のものが分かれているので、仕舞うのもラク。

ルーティンを支えるキッチン収納

3章でご紹介した通り、我が家にあるものはすべてに定位置と収納のキャパが決まっています。それはキッチンの収納も一緒です。

場所を決めていくときは、調理場やシンクを軸に、家族がよく使うものほどそこから近く、すぐ手が届くところに置いています。そうすることで、スムーズに調理ができ、調理後もすぐにお皿を取り出せて、食器洗い後はラクにしまうことができます。

ほぼ毎日使う食器はシリーズをそろえて、調理場からすぐの扉を開ける必要もないオープン棚に収納しています。一日に何度も使うグラスは、飲みたいときにすぐ手に取って水が飲めるように、洗ったらシンクを振り返ってすぐのトレーに伏せて置いています。食品の口を閉じる輪ゴムやクリップなど細々したものは、キッチンの引き出しをちょっと開けてすぐに取り出せるように、引き出しの手前部分に種類別に分けて入れているという具合です。

それに加えて、関連したものはなるべくセットにして同じ場所に集めて収納しています。例えばお弁当に関するもの。お弁当箱、お箸、おかずの仕切りケース、お弁当袋は、お弁当セットとして同じ引き出しに収納。お弁当を作る→詰める→お箸を添える→袋に入れるまで、1つの引き出しを開ければすべてできるようにしています。

また、用途の限られるものはなるべく持たないことにしています。ポテトマッシャーやレモン絞り器などは、我が家ではたまにしか使わない上に収納スペースを取るので持っていません。すりこぎや包丁で代用しています。

ほかにも、食品ストックや冷蔵庫のなかなど、日々動きのある場所も定位置を決めています。我が家には食品庫がないので、食品ストックはコンロ下の引き出しに収まるだけと決めています。週に一度は必ず買い物に行くので、ストックをたくさん持つ必要はありません。食品ストックの引き出し内もそれぞれ定位置を決め、ファイルボックスで立てて仕分けをしています。これにより、引き出しを開ければ、上から一目で在庫の確認をすることができます。

冷蔵庫内も同じように場所を決めておきます。家族もみんなそれぞれの場所を把握していて、出したらそこにしまうようにしているので、「マヨネーズはどこ?」などと探し物をすることもなくなりました。また、早めに食べる必要があるものは一番目につく中段の手前に置くと決めているので、食べ忘れを防ぐことができ、食品のロスを減らすことができます。

みんなが使うものは分かりやすい場所に

ラップや輪ゴム、つまようじなどの消耗品や、グラスやマグカップなど、家族みんながよく使うものは、子どもでも取りやすい位置に収めています。すぐに手に取れるように、スペースにも余裕を持たせています。

用途ごとにセットで収納

用途に合わせて関連したものをひとくくりにして収納しています。お弁当箱を収納している引き出しには、お弁当袋などの布物や、おかずの仕分けカップなどの調理道具を。ほかにも、パン焼きセットや、掃除セットなどもまとめています。

ストックは
持ちすぎない

食材ストックはコンロ下の引き出し収納に収まる分だけ。週末のまとめ買いの前には、切れそうなものがないかチェックします。お茶類、乾物類など、項目ごとに無印良品のファイルボックスで立てて収納しているため、残量もチェックしやすいです。

冷蔵庫内の定位置を
決めておく

上から1段目はお菓子類。2段目はバターやヨーグルトなど。3段目は棚の奥行きを半分にして、左側に細々したもの、右側には豆腐類。4段目は、左側に常備菜、右側には納豆と子どもたちの朝食用のおかずと、段ごとに定位置を決めています。家族もそれに沿ってしまいます。

「効率」と「楽しみ」とを両立させた食器使い

平日と休日で、食器を使い分けています。

平日は食後すぐにまとめて食洗機にかけられるように、イッタラのティーマを一式そろえています。どんな食事とも相性がよく、そろえることで食卓に統一感も出ます。また、夫や子どもたちが少々雑に扱っても、びくともしない丈夫さも気楽でいいところです。それに「平日はこの食器を中心に使うからね」とアナウンスしたら、家族が食事の準備を行うのがスムーズになりました。

一方休日は、平日に比べて時間に余裕があるので和食器や作家さんの器も使っています。使った後は手洗いして軽く拭き、完全に湿気が飛ぶまで洗いかごに伏せて乾燥させます。ひと手間はかかりますが、一枚一枚丁寧に作られた器はそれ自体が美しく、食べ物を美味しく見せてくれる気がします。それにそれらの器を使うことは、休日の楽しみの一つでもあります。

また、しょっちゅう使うティーマは、調理後すぐに手が届くキッチン内のオープン棚に収納し、休日しか使わない和食器は、ダイニングの開閉式食器棚に大切にしまっています。

平日の食器
↓
オープン棚

食事の配膳をするときにパッと選びやすく、子どもたちが食器拭きをした後にサッと戻しやすいように、よく使うティーマの食器類はキッチン内のオープン棚に収納。割ってしまったときの買い足しのしやすさも、定番の食器決めのポイントでした。

休日の食器
↓
ダイニングの食器棚

形や大きさにばらつきがある器や作家ものの器、休日に使う和食器類は、ダイニングの食器棚に収まる分だけ持つようにしています。数はあまりないものの、どれも好きなものばかり。子どもたちはこの食器棚のなかのものは触りません。

平日　イッタラのティーマシリーズ

温かみのある白はどんな料理にも合います。ティーマで統一しているので、盛り付けのときに迷うこともありません。同じ食器を使えば、食後の食洗機の詰め方もいつも一緒。片付けも時短で終えることができます。

週末 和食器

器屋さんや雑貨屋さん、陶器市などで気に入ったものを少しずつ集めた和食器。いつもの地味なお惣菜も和食器に盛り付ければ、いつもより少し美味しそうに見えるから不思議。休日の楽しみです。

トレイで配膳を時短化

子どもたちの食事はトレイに1人分ずつ配膳しています。ごはんやおかずを器に盛り、トレイにすべてを置き終わったら、あとは「できたよー！」と声をかけるだけ。自分で食卓まで運んでくれます。

そもそもトレイは、子どもがまだ幼かった頃に食べこぼし対策として取り入れました。食べこぼしだけでなく飲み物が入ったコップやお汁椀をひっくり返しても、よほど派手にこぼさなければトレイ内で済むので、被害を最小にとどめることができます。今はもう食べこぼしはほとんどありませんが、食事の上げ下げが一気にまとめてできるので、お手伝いもとてもスムーズ。配膳や片付けの時短にもなり助かっています。

トレイは汚れたらサッと洗って拭くだけなので、管理も手軽。立てかけられるので、場所も取りません。我が家では電子レンジと壁の間のすぐ手の届く場所に立てかけています。

おかずの種類が少ない朝食が、トレイに配膳するとなんとなく様になるのもありがたい。

子どもの食物アレルギーと食の選び方

長男に食物アレルギーがあると分かったのは、生後2か月の頃でした。

生まれて数週間が経った頃から顔に湿疹が出はじめ、毎日ひどくなるばかり。心配になって受診した小児科でアレルギーのあることが判明したのです。今も食事制限をしている卵、乳製品全般に加え、当時は小麦、大豆、甲殻類、ナッツ類……と食べられないものがたくさんあり、「これから何を食べさせたらいいの？」と頭が真っ白になったことは今でも忘れられません。

初めての育児で余裕がないことに加えて、長男が健やかに成長できるように、「なるべく代替え品を用意して、いろんな味、いろんな食感を経験させなくちゃ」。そう思い込んではその大変さに疲れて涙する日々。視野が狭くなり自らを追い詰めていた当時の私を振り返ると、自分のことではありますが、今でも可哀想になるほどです。

その頃は、「長男が食物アレルギーを持って生まれてきたのは母親である私のせいだ」。そうどこかで負い目を感じていました。ところが、次男も同じような体質で生まれてふっと肩の荷がおりました。長男に対して申し訳なく思っていた気持ちが、「自分の力や努力ではどうしようもないこともある。仕方ない」と思えたことで、ラクになったのです。

それからは、「食べられないもの」ばかりを考えて嘆くのではなく、「美味しく食べられること」に、目を向けられるようになりました。「子どもたちは野菜もお肉も魚もお米も食べられる。それで十分じゃないか」と。


「ほかの子どもたちと同じようにしてあげたい」。

そう思い込んで自分を追い詰めていた頃は、周囲の無理解さや心ない言動に過敏になり、傷付き涙することもありました。でも、気持ちがラクになってからは、そういったことは気にならなくなりました。今は「アレルギーがある子もない子も、その場にいるみんなが安全に美味しく楽しく、一緒の時間を過ごせるように」と、様々な配慮をしてくれる友だちや身近な人たちのやさしさとありがたさに感謝するばかりです。

子どもたちのアレルギーがなければ、少数派であることの悲しみや苦しさに寄り添うことも、寄り添ってもらえることがこんなにうれしいということにも気付かずにいたかもしれません。そう思うと今はすべてのことに感謝できるようになりました。

また、食材そのものに対しての考え方も以前とはずいぶん変わりました。

食物アレルギーがあると分かった当初は、食べるものは「なるべく無農薬なものを」「できる限りオーガニックなものを」と、当時の暮らしには不相応な費用と買い物の労力をかけて、食材を調達していました。

でも今は、身近で手に入るもののなかから、品質と価格のバランスを見て購入しています。幸せなことに、私の住んでいる町の周辺には生産者の方も多く住んでいるため、近所には農家の直売所があり、スーパーの産直コーナーも充実しています。買い物に行けば朝採りの新鮮な野菜が手に入り、畜産農場や海にも近いので、お肉や魚介類も豊富です。旬で新鮮な地元の素材を使い、適切に調理すれば、オーガニック食材や高級な調味料を使用しなくても、健康的で美味しい食事を用意することができる、そう思うようになったのです。

また、子どもの健康を考えるあまり、「あれはだめ。それもだめ」と必要以上に食べ物の選別をするのも止めました。基本的には、塩分や脂質が多い食品を子どもに与える必要はないと思っています。でも塩も砂糖も脂質も、食べすぎなければ大丈夫。ただでさえ我が家の子どもたちにはアレルギーのために食べられないものがあります。なので、体質的に食べられるものならば、みんなと同じものを「美味しいね」と楽しく笑って食べられる時間を大切にしたいと思っています。

　長男が小学校高学年になった頃、まわりの友だちから話を聞いて「カップラーメンを食べたい」というようになりました。むやみに禁止事項を作ると子どもの憧れは募る一方。それに、「どんなものか食べてみたい」と思うのは自然なことだと思いました。

　そこで、スーパーで一つ一つ商品の原材料を確かめ、メジャーなインスタント商品のなかに、子どもたちも食べられるインスタント焼きそばが一つあることを見つけました。ラーメンではないけれど、焼きそばでも子どもたちは大喜び。以来、月に一度は週末の昼食にそのインスタント焼きそばを食べてよいことにしています。そう決めることで、それ以外のインスタント食品を食べたがることも、できあいの食品に憧れを見せることもなくなりました。健康な食生活は気持ちも満たされた上に成り立つものなのだなぁと改めて感じたできごとでした。

　ほかにも、炭酸飲料はパーティーやお泊まり会などの特別な日にだけ飲んでよいなど、神経質になりすぎない程度に子どもたちの食事内容の管理をしています。普段は私が作る普通のごはんを、好き嫌いをほとんどせずに食べてくれるので、その分、家族の希望にもバランスをみて応えていきたいと思っています。

column

共働きという選択

「子どもがある程度大きくなるまでは、専業主婦として暮らしていこう」。結婚当初は漠然とそう思っていました。特別な資格や経験を持たず、身体が丈夫なタイプでもない私には、家庭と仕事の両立は難しいと思っていたのです。

そんな私が、今では再就職をしてフルタイムで働いています。次男がまだ満足に話せない頃から働きはじめて、気持ちが沈んだり、これでいいのかなと思い悩むことも、もちろんたくさんありました。それでも、新しい暮らしのリズムや、広がる世界、そして働くこと自体が私にとって新鮮なことの連続でした。

といいつつも、今でも週末が何よりの楽しみだし、仕事で与えられた役割に対して「貢献できています！」と胸を張って言えるほどではないけれど、自分でお金を稼ぐ共働きの生活はすごく自分の性に合っていると思っています。

自分で働いて稼ぐことは、例えるなら車の運転ができることだなと思います。夫一人の運転でも家族は先に進めるけれど、私は自分でも運転したい。行きたいところに自分でも行きたい。私の運転によっても、家族をいろんなところへ連れていきたい。私個人として、夫婦として、家族として、見られる景色、辿るコース、行き先……。それらの選択肢を増やせるのが共働きのよさの一つだと思っています。

何より運転できる人が多いとそれぞれの負担は軽くなるし、どちらかが疲れて運転できないときは、再び元気になってまた運転しようと思えるようになるまで、助手席で休むこともできます。生きるために働く毎日を、働くために生きることにならないように、ある程度の自由を得られると思うのです。

「仕事を辞めたいな」「職場へ行きたくないな」と思うことがたまにあっても、働かない自分はもう想像できないなと思うようになりました。

「ワーキングマザーは大変」といった話をよく耳にします。

確かに毎日は忙しく大変なこともあります。だけど、ひとくくりに「大変だ」で済ませて、自分のやりたいことを諦めたくはないと思っています。そのときどきで大切にしたいものの優先順位に合わせて、今の暮らしを選択している自分でありたいです。

今の私は、家族との暮らしが一番で、仕事はその次です。今の仕事を選ぶときも、業務内容よりも勤務環境（通勤時間の短さや休暇の取りやすさなど）が今の自分にマッチしているかで探しました。小学生の子どもたちを育てている今の私には、仕事そのもののやりがいよりも「家庭とのバランスを取りながら働いている」ことを大切にしたいと思ったからです。

仕事も家事も子育ても、すべてを希望通りに完璧にできたら素晴らしいし理想だとは思います。だけど、それを叶えるのは私には難しい。だから「働きつつも家族の時間を優先できるよう、仕事を調整しよう」と思い、今はバランスを取っています。

でもそれは諦めではなくて、快適に毎日を暮らすための自分への提案です。すべてを同時に手に入れようと無理をするのではなく、長い目で考えて、「仕事」や「働く」ということと向き合っていきたいと思っています。

第5章 自分にとって最適なルーティン家事を組み立てる

ここからは、自分にとって必要な家事を見直し、ルーティン家事の組み立て方を案内します。

ルーティンの組み立て方

家事をルーティン化するステップは3つ。まずは簡単に概要をお伝えします。

STEP1 家事を洗い出して、いつするのかを決める

まず、毎日の家事をすべて洗い出します。

次に、自分の生活にはどんなパターンがあるのかを考え、パターン別に分けます。例えば「平日」「休日」というように大体の分け方で構いません。そして、分けたそれぞれのパターンごとに家事のテーマを決めます。例えば「平日は家事をする日」「週末は何もしない日」などです。パターンごとにテーマを決めたら、それに沿って、最初に洗い出した家事を振り分けていきます。その際に、がんばって家事を取り入れすぎるのではなく、必要のない家事は手放していくようにします。そうして振り分けた家事を、一日のうちのどのタイミングで行うかを決めてルーティンを組み立てます。

STEP2 仕上がりレベルを決める

ルーティンを組み立てたら、どのレベルまでやるのか、最初に決めてしまいます。掃除一つをとってみても、家の隅々までホコリのない状態を目指すのか、家族が集まるリビングダイニングだけはきれいと思える状態をキープするのを目指すのかで、必要な時間や労力、環境作りは変わってきます。またゴールが明確になることで、やりすぎてしまうこともなくなり、達成感を得ることもできます。なので、まずは自分や一緒に暮らす家族がどの程度の仕上がりレベルを望むのかを把握します。

STEP3 必要な環境とルールを作る

ここまでに決めた内容をスムーズに行うための環境とルール作りをしていきます。この作業はルーティンをストレスなく生活に取り入れる際にとても大切です。我が家のルーティンを支える環境作りは、3章（P63～）で詳しく紹介した通りです。

次のページから、STEP1と2について、さらに詳しくお伝えしていきます。

STEP1

家事を洗い出して、いつするのかを決める

家事のルーティン化の核となるSTEP1の流れは次の通りです。

①毎日の家事を洗い出す
↓
②生活リズムをパターン別に分けて、それぞれにテーマを決める
↓
③やらないことを決める
↓
④効率のよい順番に組み立てる

①毎日の家事を洗い出す

まずは毎日の家事について、どんな小さなことでも一度すべて書き出してみます。

自分では無意識のうちにしていることもあるので、家族にも聞いてみて洗い出してもいいか

もしれません。意外と無意識にやっていることが、気付かないうちに結構な時間と労力を奪っていることもあります。

②生活リズムをパターン別に分けて、それぞれにテーマを決める

自分の生活リズムをパターンに分けていきます。

32ページで我が家のルーティンは、「仕事のある平日」と「お休みの週末」で、することを分けていると書きました。

例えばシフト制で働く方なら、「午前中だけ仕事の日」「午後だけ仕事の日」「15時に上がれる日」などいくつかのリズムに分けられると思います。ほかにも家族のスケジュールによって生活リズムが変わる方もいると思います。家族が「早く帰る日」「遅く帰る日」とか、子どもの習いごとが「ある日」「ない日」など。ほとんどの方が一週間、一か月のなかである程度の規則性を持って生活していると思います。まずは自分の生活をパターン別に分けてみます。

そして、それぞれのパターンに「掃除をしっかりやる日」「作り置きを作る日」などのテーマを決めます。私の場合、「平日は最低限の家事しかしない」「休日は少し丁寧に家中の掃除をして、平日にしない家事をまとめてする」と決めています。

③やらないことを決める

②で決めたテーマに合わせて、「やること」と「やらないこと」を決めます。

やることを決めるのはもちろんですが、やらないことを決めることで、家事をラクにすることができます。

私の場合、「平日は最低限の家事しかしない」ので、平日に時間と手間のかかるアイロンがけや家具の拭き掃除などはしません。それらはすべて、週末にまとめて行います。そう決めてしまえば、やらないことに対しての罪悪感もありません。

そして「やらないこと」を明確にすることで、家事をやりすぎることもなくなります。

だから、その日にやると決めたルーティンをこなし終えたら、家事モードは即解除。あとは自分の時間です。ゆっくりくつろいだり、自分の好きなことをするために時間を自由に使います。

④効率のよい順番に組み立てる

それぞれのパターンのなかでやることを決めたら、節目の時間はいつなのかを考えます。そしてそれをリミットにして、それまでに必ず済ませたいことを考えます。

私の場合は平日の日中は仕事があるので、まず「朝の家事」「夜の家事」に分けました。そして朝には「子どもたちが登校する7時半」「私が出勤する8時10分」、夜には「子どもたちの就寝時間の21時」「自分の就寝時間の0時」という節目の時間（リミット）があります。なので、平日にやるべき家事のなかからその時間までに済ませたいことを考え、それを基準にどんな流れで取り組むといいかを、節目の時間を意識しながらスケジュールを考えていきました。

このときに迷うのが、「一日のうちのどこかでやりたいけれど、いつやるのがいいのか？」という項目です。「いつでもいいこと」だとしても、どのタイミング、どの時間帯で取り組むと、最小の労力で最大の効果が得られるかは生活スタイルによって違います。なので、ここでしっかりそれらについて、「自分にとっての快適」の物差しを持ちながら考えることが大切です。

私の場合は、142ページで「いつでもいいこと」としてあげた項目が考えるべき内容でした。小さなことでも、メリットとデメリットを天秤にかけながら、いつするのが我が家にとってベストなのかを決めました。

また、自分の動く場所ごとに家事をまとめると、家中を無駄に動き回らずに済むので、家事の時短化、効率化が図れます。

STEP 2

仕上がりレベルを決める

いつ何をするのかを決めたら、次はどの仕上がりレベルまでするのかを決めていきます。これは言いかえると「ここまでしかやらない」ことを決めることです。

STEP1の③で「やらないこと」を決めたように、これをすることで、家事そのものの負担や、やらなくちゃいけないという心の負担を減らすことができます。

計画に移す前段階では、つい「あれもこれも組み込もう！」と、自分が心身ともにベスト、またはそれ以上の状態での基準で考えてしまいがちです。せっかく組み立てるのだから、ついでにできること、もう一歩先まで済ませておけばラクなこと、そして仕上がりレベルもより高いものに……などと考えては、いろいろと詰め込みたくなる気持ちはよく分かります。実際に私も最初はそうでした。

だけど、忙しい毎日のなかですべてにおいて丁寧さや完璧さを求めてしまうと、無理が生じてしまいます。少しでも予想外の事態が起こると、それから先はガタガタとバランスが崩れてどれもが中途半端になってしまったり、余裕がなくてイライラしてしまったりと、自己嫌悪に陥ってしまうことになります。

そうならないために、まずは「これだけは」と思う、優先順位の高いものからどこまでやるのかを決めていくといいと思います。それらにどのくらい時間を割くのかを決めたら、それ以外のものを考えていく。これだけはと思うことさえ済ませたら、それ以外のことはパスしてもOKくらいの気楽な方がいいと思います。

生活していく以上、家事に終わりはありません。

だから、あくまでも自分が心地よく取り組める量とペースを考慮して、ほどほどにやっていくのがいいのではないでしょうか。

「できる」「できない」「ここまではする」「そこまではしない」をしっかり考えて、すると決めたことには効率よくできる方法を考える。しないと決めたことには罪悪感を持たないことが大切です。

我が家の平日のルーティンができるまで

ここで一度、我が家の平日のルーティンがどのように組み立てられたのかをご紹介。何をするか書き出した後のSTEP1の④から展開します。

STEP1 4 効率のよい順番に組み立てる

それぞれにやることを決める

やると決めたことを、平日の「朝」「夜」「いつでもいいこと」に分けていきます。

朝

- お弁当作り
- 朝食作り（子ども分）
- 朝食作り（大人分）
- 子どもの代替え給食作り
- 洗い物
- 台所の拭き掃除
- 水筒＆お箸など登校準備
- ベッドメイク

夜

- 洗濯物の取り入れ
- 夕食作り
- お米研ぎ
- 洗い物
- 台所の拭き掃除
- 子どもの宿題＆提出物チェック
- リビングの整頓
- お風呂
- 翌朝食用のお米研ぎ

「いつでもいいこと」

これをいつやるかを次に考える

- 部屋の換気
- 洗濯
- 1階の掃除機がけ
- 玄関まわりの掃き掃除
- 庭木の水やり
- お風呂掃除（長男担当）
- 洗いかごの受け皿磨き
- 洗濯物畳み

「いつでもいいこと」は いつやると 心地よいかを考える

それぞれの流れを考えていきます。「いつでもいいこと」をいつやると心地よいのかをしっかり考えるのが、続くルーティンを組み立てるコツ。

朝

- 部屋の換気
- 子どもの代替え給食作り
- お弁当作りと大人分の朝食作り
- 子ども分の朝食作り（夫担当）
- 洗濯（夫担当）
- 水筒＆お箸など登校準備（夫担当）

7：30
- 洗い物
- 台所の拭き掃除
- ベッドメイク（夫担当）
- 1階の掃除機がけ

8：10
- 洗濯物干し（夫担当）

掃除機をかけてから換気した方がよさそうですが、起きてすぐに朝の空気を家中に取り込む方が気持ちいいので、朝イチに。

夫は朝に洗濯をしたいそうなのでこのタイミングに。

子どもたちの帰宅を整った部屋で迎えてあげたいのと、私もきれいに掃除された家に帰りたいから、子どもたちの登校後のこのタイミングに。

夜

- 玄関まわりの掃き掃除
- 洗濯物の取り入れ
- 庭木の水やり
- 夕食作り
- お米研ぎ（長男担当）
- お風呂掃除（長男担当）
- 子どもの宿題＆提出物チェック
- お風呂
- 洗い物（夫・長男担当）
- キッチンの拭き掃除
- 洗いかごの受け皿磨き
- 洗濯物畳み
- 翌朝食用のお米研ぎ

21：00
- リビングの整頓

面倒くさくならないように、仕事から帰ったら家に上がる前に玄関を掃除。

雨の降らない日が続いたら、玄関掃除の流れで、そのまま庭へ直行。庭に干している洗濯物も取り入れます。

残り湯を朝の洗濯に使うことがあるので、お風呂に入る前にお風呂を洗います。

キッチンを一日の終わりにリセットするタイミングで、洗いかごも洗います。

テレビを見ている子どもたちの横でおしゃべりしながら畳めたらベスト。

STEP2 仕上がりレベルを決める

優先順位の高いものを決める

これだけは絶対やるという優先順位を付けて、高いものから、どのくらいやるかを決めていきます。

優先順位の高いもの	内容・時間
● 子どもたちのバランスのよい食事	常備菜やごはん貯金を使って仕上げる 朝 10 分、夜 30 分
● 子どもたちとの会話	お風呂、食事、就寝前の時間を合わせて 最低でも 30 分
● 子どもたちの就寝時間	21 時就寝
● リビングダイニングの片付け・掃除	朝夜合わせて 10 分 家族と協力する
● 自分の時間	最低でも 1 時間 夫との会話や夜おやつの時間も含む

理由（子どもたちのバランスのよい食事・子どもたちとの会話・子どもたちの就寝時間）

・子どもたちが健康でいられるように、栄養のある食事としっかりした睡眠を重視。

・平日はほとんどの時間を離れて過ごしているので、それぞれの一日の話を聞きたい。

理由（リビングダイニングの片付け・掃除）

・仕事から帰ったとき、子どもたちが寝たとき、朝起きたときは、部屋は整っていてほしい。

・ほかの家事を後回しにしても、これだけはやりたい。

理由（自分の時間）

家事と仕事、子育てだけで終わらないように、ぼーっとしたり、のんびりと本や漫画を読む時間をしっかり持ちたい。

それぞれのボリュームを決める

最後に、流れのなかで一つ一つをどのくらい、どのようにやるのか決めていきます。これで、ルーティンの流れ作りは完了です。

朝

- 部屋の換気……1階の窓を全方角開けて換気する。
- 子どもの代替え給食作り……どんなときもこれだけはやる。
- 自分のお弁当作り……時間がないときはパス。
- 大人分の朝食作り
- 子ども分の朝食作り（夫担当）……作り置きと前夜の取り置いたおかずを盛り付けるだけ。
- 洗濯
- 水筒＆お箸など登校準備（夫担当）…お茶は前夜に煮出しておいたものを入れる。

7：30
- 洗い物……食洗機のスイッチをオンするだけ。
- 台所の拭き掃除……余裕がないときはパス。
- ベッドメイク（夫担当）……平日はカーペットクリーナー、休日はダイソンを使用。
- 1階の掃除機がけ……時間がないときはキッチン、ダイニング、洗面所だけ。

8：10
- 洗濯物干し（夫担当）

夜

- 玄関まわりの掃き掃除
- 庭木の水やり……雨の降らない日が続いたときだけ。
- 洗濯物の取り入れ
- 夕食作り……手早く夕飯を作るため、週末に下ごしらえと作り置きを作る。疲れているときは、外食またはワンプレートメニューに。
- お風呂掃除（長男担当）
- お米研ぎ（長男担当）……子どもたちと話す時間を兼ねる。
- お風呂……子どもたちと話す時間を兼ねる。
- 子どもの宿題＆提出物チェック
- 洗い物（夫・長男担当）……食洗機に入らないものだけ。
- キッチンの拭き掃除……疲れているときはパス。
- 洗いかごの受け皿磨き……疲れているときはパス。
- 洗濯物畳み……疲れているときや、乾ききってなかったら翌朝へパス。
- 翌朝食用のお米研ぎ……子どもの朝食のため、炊飯器のタイマーセットまで行う。

21：00
- 子どもたちの就寝時間……この時間はずらさない。
- 自分の時間……家事をパスする場合も最低限のやるべきことだけはやって、1時間は自分の時間を取る。
- リビングの整頓……明日のために、リビングにあるものだけは片付ける。

自分にとっての快適を考える

ルーティンを組み立てたら実行に移す前に、大切なチェックポイントがあります。それは、「これらは自分にとって必要な家事であり、快適なのか？」と自らに問いかけてブラッシュアップをすること。

どのような暮らしが自分にとって快適なのかは人それぞれだと思います。

私にとっての快適な暮らしは、こんな感じです。

・部屋はきれいに掃除されてすっきりと整っている
・肌に触れるものはこまめに洗濯されて清潔な状態
・手早く作った栄養バランスの取れた食事を家族みんなで美味しく食べる

生まれ育った環境や今の生活のなかで何に重きを置くかによって、快適に思う家事の内容は変わってきます。掃除も洗濯も炊事も暮らしを快適にするために行うもの。だからたとえ、ほかの人には「それってどうなの？」と思われることでも、自分や一緒に暮らす家族にとって心地いいなら、そのタイミング、そのやり方、その仕上がりでOK。人の暮らしはそれでいいのだと思います。

私はきれい好きですが、趣味といえるほどではありません。自分の快適に感じる状態を保つために必要な掃除はしますが、自分にとって必要に思わないことは最低限しかしません。

例えば、私のなかできれいにしておきたい1階のリビングダイニングは、ホコリがない状態を快適だと思うので毎日掃除機をかけます。一方で、窓の汚れはそこまで気にならないので汚れが気になったときに拭けばそれでよしとしています。自分にとってまめに掃除する必要はないと思っているのに「窓はいつもきれいな方がいいに決まっているから！」との思い込みから日々磨くのでは、窓はピカピカになっても私の気持ちは曇ってしまいます。

やるのが常識だから、普通だから、正しいと思われているから……それだけを理由にルーティンに取り入れてしまうと、いざやるときに「やりたくないな」「面倒だな」という感情を生んでしまいます。自分の希望にフィットしてないそんな状態は快適とはいえないもの。だから私はルーティンを組み立てる際はいつも「これは私にとって快適？」と自問することを忘れないようにしています。

家族にとっての快適を考える

大切なチェックポイントはもう一つあります。

それは「自分にとって快適か？」と同じくらい「ともに暮らす家族にとっても快適か？」を考えること。

家事をメインで切り盛りするのは私だから……と、自分の快適なレベルややり方を家族に一方的に押し付けるのでは、一緒に暮らす家族はストレスを感じるかもしれません。

例えば我が家の場合、目立つホコリがなく、すっきり片付いた状態が私にとって快適なので、掃除機がけや物の定位置などの環境を作るのは私の担当です。

ただ、私の基準を強要しないように気を付けています。部屋に砂を入れないように、「家に入るときは足の砂を払って上がってくれたらうれしい」という希望は子どもたちに伝えていますし、外出前と寝る前には私物をリビングダイニングから子ども部屋に片付ける約束にしています。でも、家を汚さないため、散らかさないために、子どもたちの行動をむやみに制限したり、遊んでいる最中の散らかり具合や、物の扱い方を私の快適の基準に合わせるのは違うと思っています。自分の快適の基準に家族も従わなければいけない決まりはありません。

夫のパンパンなクローゼットや子どもたちのぐちゃぐちゃな机の引き出しを見て、私ならもっとこう整理するのに、中身を捨ててさっぱり拭き上げるのに、と思うことは多々あります。でも、夫や子どもたちは、私ほど整理整頓が好きでも、部屋がすっきりときれいでなければ落ち着かないというわけでもないのです。むしろ混沌としたなかだからこそ生まれる発想や予想外のできごとなども臨機応変に楽しみたいと思う方で、その気持ちも分かります。だから、基本的にそれぞれのパーソナルスペースはノータッチ。その代わり、「家族みんなが過ごす共有スペースでは、みんなが快適に過ごせるように、お互いに協力し合おうね」と伝えています。求めていいのはこのくらいまでかと思うのです。

とはいえ、身の回りを整えて清潔にすることはとても大切だと思うので、それは子どもたちに教えています。「その方が気持ちいいし、格好いいよ！」と。

一緒に暮らす家族でも、まだ小さな子どもでも、快適に思う暮らしの環境は人それぞれ。どんなにこっちの方がいいと自分は思っても、それは自分だけでなく家族にとってもそうなのか……お互いの希望をすり合わせて、みんなが安らぎ、くつろげる家作り、暮らし作りができたらいいなと思っています。

ルーティンは身体で覚える

さて、ここまでブラッシュアップして決めたルーティン。いざはじめてみると、取り込んだ項目が多い人ほど、まずはその項目に追いついていくことが大変かもしれません。そして最初は意気込みも強いため、完璧であることを目指しがちです。でも最初からあれもこれもとたくさんのことを一気に完璧に身に付けようとすると、逆に集中力が続かずに疲れてしまいます。どれも結局身に付かないままに、「私には無理……」と諦めてしまっては、とてももったいないです。最初にお伝えした通り、ルーティンは義務ではなく、よい習慣作り。せっかく毎日のやることを見直して、自分の心地よいかたちに家事を組み立てたのなら、あと少し。覚えるだけです。

覚えるといってもただ頭で覚えるのではなく、「身体で覚えること」が大切です。
ルーティンをせっかく決めても、「次は何をしたらいいのだっけ？」と毎回考えていては、効率のいい家事には繋がりません。まずは流れを覚えること。そして「この後は○○だ」と頭で流れを把握できたなら、次は何も考えなくても自然に身体が動いているように身に付けることができれば、毎日の家事は苦もなく流していけるようになり、とてもラクになると思います。

身体で覚えるためには2つのポイントがあります。

①時間や場所ごとに区切って覚える

まずは「朝」「夜」と時間で区切るなり、「リビングダイニング」「トイレ」「お風呂」「洗面所」と場所で区切るなりしてポイントを絞って集中して取り組み、それぞれの流れを覚えてしまうのがおすすめです。一度身に付いたら、それに関してはもう何も考えずに作業ができるので、次は新しいルーティンを覚えていきます。そしてそれをマスターしたら、さらに新しいものに取り組む……という具合に、考えなくても身体が動いている項目を増やしていきましょう。そうして、掃除のルーティンが身に付いたら、料理のルーティンに取り組むというかたちで、家事のルーティンを一つ一つ自分のものにしていくのです。

私もそんな風にして地道に身に付けました。最初の頃は、やるべき内容をスマホのメモに書き、チェックしながら取り組んでいました。やることを可視化するとやる気アップに繋がり、ずらりと並んだチェック項目を一つ一つクリアしていくことは、私にとって達成感に繋がることでした。

ただ、このようにずらりと書き出した項目を目前に「やるぞ！」と意気込むより、目に入る項目は一つだけにして、それだけに取り組む方がより効率よく覚えられるそうです。なので、項目を可視化する際は、スマホのメモを使うならば何ページかに分けて書き出す。または、付箋や単語帳をうまく利用するといいかもしれません。

自分にとっての最適な流れや効率のいいやり方は、取り組んでいくうちに見えてくるものだと思います。最初から完璧を目指すのではなく、まずは一つずつしっかり集中して流れで覚えることをおすすめします。

②毎日やることの前後のタイミングと場所に、ルーティンをくっつける

私にとっての「週末のルーティン」や「使うたび掃除（P40）」にあたりますが、洗顔のときに洗面台を拭く、トイレを使ったらトイレまわりを拭くなど、生活のなかで自然に行っていることに、家事をくっつけると、忘れずに、そしてラクに家事ができます。

最初から全部を一気に覚えるのではなく、散らかりやすい場所やいつも使うものだけはきれいにしていたい方に、このやり方はとても有効だと思います。使用頻度が高くて汚れやすい場

所や物は、よく行ったり触れたりするから汚れるもの。ということは、ついでに掃除がしやすいということでもあります。

まずはそれらから掃除をはじめて、一つずつやることを増やしていくのです。

例えば、洗面所で顔を洗ったら洗面ボウルも一緒に磨く。その流れが自然にできるようになったら、続けて洗面台まわりと蛇口を拭く。それも身に付いたら、洗顔後に使った化粧品をきれいに整頓する……という流れです。項目にしてみると多いようですが、いつもの洗顔にたった数分のこのルーティンをくっつけることで、洗面台をいつもすっきりとした状態で気持ちよく使うことができます。

こんな風に、新しいルーティンを自分の暮らしに取り入れようとする際は、最初は少し努力が必要かもしれません。車の運転も、最初は一つ一つの動作を確認して次にやるべきことを考えながら覚えていきます。けれど、一度身に付いてしまえば、一連の流れですんなり運転できるようになり、運転しながら歌を口ずさんだり、周りの景色を楽しんだりする余裕も出てくるもの。家事も同じだと思います。

時間のリミットを意識する

ルーティンの流れを覚えたら、最後は、それぞれの所要時間と終了時間のリミットを意識するといいと思います。

身体が勝手に動くようになるまでは、ルーティン化がストレスにならないように、時間の配分に少し余裕を持たせて、一つ一つ確認しながら取り組んでいくといいと思います。
ただ、いつまでも時間を意識せずにいたのでは効率は上がりません。人はどうしても時間に余裕のあるときは余裕のある動きをしてしまうもの。忙しいときに用事を重ねて済ませた方が効率はよくなるし、一度にさばけるキャパも上がります。時間を意識することで、同じ内容をより短時間で済ませるように工夫をしたり、より取り組みやすい方法を考えたりできるようになると思います。

また、家事をルーティン化して身体で覚えると、それに取り組んでいる間の頭のなかは自由です。目の前の作業以外のことを考える余裕が生まれます。

もしも手を動かしながら今やっていることについて考えるなら、「次に何をしよう？」「ほかに何をしよう？」ではなく、「もっとラクにできる方法はないかな」「もっと時短でできるやり方はないかな」ということを考えることもできます。

少し客観的な視点から自分の家事のやり方を見られるようになると、自分のやり方の改善点も見つけやすくなる気がします。


無理はせず、でも、かける労力と時間の最小化ベストを目指して、日々ルーティンのアップデートを試みる。そのようにして、より自分や自分の暮らしにルーティンをフィットさせていくことができれば、家事はとてもラクになると思います。

「いつもの自分」が「明日の自分」を助ける

やらない家事を手放し、少しでも毎日をごきげんに快適に暮らすために取り入れた家事のルーティン化。だけど、家事は毎日のこと。仕事から帰ってきてクタクタで、もう今日は何にもやる気が起こらない。もう疲れたから、今日は何にもしたくない。そんな気分になる日もあると思います。もちろん私にも、やる気が起きないときはあります。

そんなときはどうするのかというと、私の場合はとてもシンプルで、迷うことなく家事はパスします。

ちょっとくらいやらなくても、いつもやっている分、大変なことにはならないし、何度もお伝えしていますが、ルーティンは義務ではないからです。それならもうやらないと決めて、家族と楽しく外食して、そのまま寝てしまった方が、やる気の起きない状態を上手に切り替えることができると思います。

そもそも家事をルーティン化するのは、こういったやる気が起きない状態になることを避けるためのものです。

汚れがごっそりたまってから私が紹介しているようなルーティンをこなそうと思うと、それは確かに大変で、やる気を起こすのはなかなか難しいと思います。でも普段からきれいなうちに掃除をしておけば、いずれの場所も汚れはほとんどたまっていないので、一つ一つの負担は本当に軽く、ラクな気持ちで取り組むことができます。私にとって、家事を苦にならないようにすることがルーティン化をする意味なのだと思います。

また、そうやって毎日の家事を積み重ねている「いつもの自分」が「できないときの自分」を助けてくれると思っています。だからどうしてもやる気になれないときは、昨日までの自分が助けてくれているから、無理せず、罪悪感もなくパスができます。

不思議なもので、身体で覚えた習慣は、やらない日が続くとなんだかそわそわと、気持ち悪くなってくるものです。そうして、無理なく自然にやろうと思えるようになったら、またやればいいのだと思います。

明日の自分のために、今日の自分に無理をかけることはしません。

でも無理なく取り組めるときは、明日の自分のために、ササッと今日のルーティンに取り組む。私はそんなスタンスで家事をしています。

おわりに

最後まで読んでくださってありがとうございます。

慌ただしい毎日を、少しでも快適にごきげんに過ごせるように自分なりに考えて工夫してきたこと。それらを掘り下げて一冊にまとめたのですが、「家事一つをやるのに、ずいぶんと理屈っぽく面倒くさいことをいうな」と思われる内容になってしまった部分もあるかもしれません。

本当は、自分の快適な暮らしのために必要な行動を、そのときどきに自然と取ることができたなら……それが理想だと思います。だけど、それは私には難しくて、あれこれ考えて試行錯誤をした上でやっと、丁寧でも完璧でもないですが、「心地よく暮らしています」と言える今の暮らしに辿り着きました。本書にはそこに至るまでの家事の取り組み方や、暮らしにおける思考の変遷を詳細に綴ったつもりです。

具体的な家事のスキルならば、掃除なら掃除の、料理なら料理の、収納なら収納の、プロの方の書籍を読んでもらう方が参考になることは多いかもしれません。ですが、その役立つスキルを、自分の生活によりフィットしたかたちで取り入れて、無理なく快適に続けていくための仕組みや習慣作りが実は一番難しいところではないでしょうか。その部分で本書が役立ったら……そんな思いを込めて書きました。

本書に記した「家事をルーティン化する」考え方が、かつての私と同じように「家事のやり方や時間の使い方、そして暮らし方そのものを見直したい」と思っている方の快適な暮らし作りのお役に、ほんの少しでも立つことができれば、とてもうれしく思います。

この本を作るにあたってご協力いただいた編集の浅野さん、カメラマンの前田さん、デザインのMARTY inc. さんには大変お世話になりました。また、私を見つけ、拙い文章にアドバイスを入れ出版まで導いてくださったマイナビ出版の脇さんにはただただ感謝しかありません。

そして最後になりましたが、地方に暮らす普通の主婦がこんな風に日々の暮らしを本にして出版することになるなんて、インスタグラムをはじめる前の私なら想像もしないことでした。このような機会を得ることができたのは、ひとえに我が家の暮らしに温かい反応をくださったフォロワーの皆さんやブログを読んでくださった方たちのおかげです。

本当にありがとうございました。

2017年2月　ryoko

ryoko
1977年生まれ。福岡県在住。
平日はフルタイム勤務で、夫と2人の小学生の息子と暮らす。
2015年にインスタグラムをはじめ、
すっきりと整った部屋や日々の家事の工夫を投稿して人気に。
ブログでは、インスタで書ききれない日々の暮らしを綴っている。
instagram:@ryoko1125
ブログ「life labo note」http://lifelabonote.blog.jp/

デザイン　MARTY inc.
撮影　前田耕司
DTP　宇田川由美子
校正　西進社
編集協力　浅野佳子
編集　脇洋子（マイナビ出版）

ルーティン家事
ラクにすっきり暮らす家事の習慣

2017年4月1日　初版第1刷発行

著　者　ryoko
発行者　滝口直樹
発行所　株式会社マイナビ出版
〒101-0003 東京都千代田区一ツ橋2-6-3 一ツ橋ビル2F
TEL 0480-38-6872（注文専門ダイヤル）　03-3556-2731（販売）　03-3556-2736（編集）
E-MAIL pc-books@mynavi.jp　URL http://book.mynavi.jp
印刷・製本　シナノ印刷株式会社

ISBN978-4-8399-6193-0 C2077